カイジ「勝つべくして勝つ！」働き方の話

木暮太一

SB
サンマーク文庫

漫画『カイジ』とは?

自堕落な日々を過ごす主人公、伊藤開司(いとう・かいじ)。そのカイジが多額の借金を抱えたことをきっかけに「帝愛グループ」をはじめとする黒幕との戦いに挑んでいく大人気作品。命がけのギャンブルを通じて、勝負師としての才能を発揮するカイジだが、その運命は果たして……。

ククク……
話にならぬ
クズ……!
おまえらは生まれてから何度………
そのセリフを吐《は》いた……?
まだわからんのか………?
世間はおまえらの母親ではない
おまえらクズの決心を
いつまでも待ったりはせん……!
つまり
もう終わりだ……!
え……?
おまえらはとっくにタイムオーバー チャンスは去った
そんな〜〜っ……!

37歳の若さで官職を辞し、
執筆活動に専念したといわれる
ルネサンス期最大の哲学者、
ミシェル・ド・モンテーニュは、
死の直前まで筆を加え続けた作品
『エセー(随想録)』でこう語っている――。

「いつかできることはすべて、今日もできる」

はじめに

お金の知識がないせいで、騙《だま》されたり、つけこまれたりして、幸せに生きられなくなってしまった人がたくさんいます。そんな人たちが少しでも自己防衛できるようにと、前作『カイジ「命より重い！」お金の話』を書きました。

前作では、この時代を生き抜くために一番必要な力は、**変化を怖がらない人間になること**だとお伝えしました。

刊行から半年、この原稿を書いているこの瞬間も、相変わらず世の中はめまぐるしく変化しつづけています。

しかし、変化している一方で、その本質は、じつは２５０年ほど前からたいして変わってはいません。つまり、およそ２５０年前に資本主義経済が始まった瞬間から、私たちは同じ世界で生きつづけているということです。

この社会には、大きなルールがあります。

それは、「自由」があるということです。

しかしその「自由」は、競争の中で自分で自分の身を守れる人、自分で自分を成長させられる人しか手にすることができません。


現代には、夢を見ることもせず、行動することも、チャレンジすることもなく、夢の中で生活しているように「なんとなく」過ごしてしまっている人が多すぎると感じています。

そして彼らは、誰かに騙されたわけでもなく、傷つけられたわけでもないのに〝不幸〟だと嘆きます。


利根川はエスポワール号でカイジたちに言いました。

「おまえらに必要なのは、ただ勝つことだ！　勝たなきゃゴミ……」

「勝たなきゃゴミ」というのは言葉が強すぎます。すべてが他人との勝負ではありませんから、毎回、勝者にならなければいけないということはもちろんありません。しかし、勝とうとはしなければいけません。少なくとも自分に勝とうとし、勝つために積み重ね、最終的に結果を出そうと取り組まなければいけません。

つまり、それくらい本気で生きなければいけないのです。

私たちがカイジに憧れるのは、カイジが勝ったからです。しかも、勝つべくして勝ったからです。ただ単に勝ったからではありません。**勝とうとする強い意思を持ち、勝つために積み上げ、そして最終的に勝つからです。**

もちろん、私たちはカイジのような命がけのギャンブルをしませんし、してはいけません。ですが、カイジのように生きることはできるのではないでしょうか。命がけのギャンブルをせずとも、カイジのような生き方――結果を出すことに執着し、結果を出すために準備をし、勝つべくして勝とうとすることはできます。

本質的には、私たちがカイジに魅了されるのは、「彼が命がけのギャンブルに勝つから」ではありません。カイジが、本気で生きているからです。私たちは、その本気に魅了されているのです。

自分の人生に本気になることができなければ、ゴミ同然の生活に落ちぶれてしまったとしても、何も言えません。

利根川のセリフを言い換えると、こういうことになるでしょう。

「おまえらに必要なのは、ただ本気になることだ！　本気にならなきゃゴミだ！」

残念ながら、カイジもそうでした。借金で追い詰められたり、多額のギャンブルでヒリヒリして初めて自分の人生に〝本気〟になったのです。

誰もが本気で生きたいと心の中では思っているのだと思います。自分の夢に向かって、一世一代のヒリヒリするような勝負をしてみたい……そんな思いもあるかもしれません。

自分にはできないことをやってのけるカイジに、夢を託している……そんな読者も多いのではないでしょうか。ギリギリのところまで追い詰められながらも、最後は帝愛グループを打ち負かすカイジは私たちの正義のヒーローなのです。

カイジの世界を、ただ漫画の話として置いておくのはもったいないと私は思います。私たちは、カイジの生き様から、この世の中で戦い抜き、生きていくヒントを得ることができるからです。

カイジは、経済学が理想とする幸福な人間の要素を持っています。

カイジがなぜ逆境に強いのか？　逆境に対峙《たいじ》した時にどんな考え方をし、どう振る舞い、自分を保っているか。

その秘密は、経済学の視点から解き明かすことができます。

カイジに描かれた世界は決して漫画の中だけの話ではありません。

はるか昔から、私たちが生きているのは、果てしなき勝負の世界なのです。

その世界にどう挑んでいくか、カイジから学べる強く生きるためのヒントを、本書でご紹介します。

カイジ「勝つべくして勝つ！」働き方の話

目次

第2章 カイジが生きる、残酷な社会のルール

第4章 一流だけに見えている、圧倒的勝利への道

終章

「成功」と「幸福」を同時に手に入れる

編集協力　株式会社ぷれす
　　　　　岡田寛子
編集　平沢拓（サンマーク出版）
　　　蓮見美帆（サンマーク出版）

序章

今日を
がんばった者にのみ、
明日が来る

「明日にしよう」と言うたびに、人生を無駄にしている

「いつかやろう」「明日にしよう」「やらなきゃいけないのは、わかってるよ」

その言葉を何回言ったでしょうか？

「『明日やろう』はバカ野郎」というフレーズがあります。

「明日やろう」と言っている人は、そのまま一生やらない可能性も高いです。というのは、明日はどんどん先に逃げていくからです。日付が変わると、「明日」になります。しかし物理的には、またその次の日が「明日」になります。「明日」という日は永遠に来ないのです。

明日やろう。明日からでいいや。明日から本気出そう。

そう言って、自分に言い訳をします。

同時に、「今は、本気で取り組んでいないから、結果が出てなくていいんだよ」とも言い聞かせています。

2009年公開の映画『カイジ 人生逆転ゲーム』で、天海祐希さん扮《ふん》する悪徳金融業者の遠藤に「いまの生活、ゴミって感じでしょ?」と見透かされた時、カイジ役主演の藤原竜也さんが迫真の演技で「途中、まだ途中なだけなんだよ!」と言っていたシーンを思い出します。

「途中なだけ」――カイジ自身もそれが言い訳であることはわかっていたはずです。あのままの暮らしを続けていても、どこにもたどり着けない。いえ、たどり着くどころかどこにも向かっていないことを、自分でよくわかっていました。

「いつかやろう」と思っているのは本当かもしれません。しかしその言葉は裏を返すと、「今はやらなくていい。また後で」ということです。そうして、後回しにしていくため、その〝いつか〟はおそらく永遠にやってきません。

結局のところ、行動するのは今日しかないのです。ここに関しては、地下の強制労働施設でカイジと戦った班長・大槻《おおつき》の言葉が的を射ています。

「明日からがんばろう」という発想からは……
どんな芽も吹きはしない……！
明日からがんばるんじゃない……
今日……
今日だけがんばるんだっ……！

〝今日〟だけがんばるということは、それを続けていけば、結果的に毎日がんばるということになります。〝明日〟が永遠に訪れないのと同じように、〝今日〟は永遠に続きます。**目の前の〝今日だけ〟をがんばれる人は、永遠にがんばれる人です。**

帝愛グループの地下施設で借金返済のために強制労働をさせられるカイジ。そこでは、班長という管理職がいるが、誘惑に弱い人間の心理につけこみ、カイジたちからさらに搾り取っている。

「明日からがんばろう」と「今日からがんばろう」は、たった1文字の違いです。

しかし、この思考回路の差こそが、圧倒的な差を生み出すのです。

「もう少し待ってくれ」で一生チャンスを逃し続ける

決断に迫られた時に、「ちょっと待ってくれ」を繰り返す人がいます。一体、何を待つのでしょうか？

何かの情報が足りないからまだ決断できない、その情報が来れば決断できる、ということならわかります。しかし多くの場合は、「本人の覚悟が足りていないだけ」「決断するのが怖いだけ」です。

「まだ決断する勇気がないので、腹をくくれるまで待ってほしい」と言っているのです。

ビジネスでも、人から受けた提案に対し、「検討させていただきます」と口にする人がいます。時には熟慮することも大切ですし、軽はずみになんでもかんでも判断してはいけません。

ですが、「検討する」というからには、「何を検討するのか？」「どの項目が、どういう条件であればOKなのか」が、少なくとも自分でわかっていなければいけません。それが明確になっていないのに、単に「検討します」と言っているのは、カイジに出てくる〝クズ〟と同じです。それは「すみません、私にはまだ決断する勇気がありません。勇気を持てるまで待ってくれませんか？」と言っていることと同じなのです。

利根川は言います。

「話にならぬ　クズ……！
おまえらは生まれてから何度……
そのセリフを吐いた……？」

「世間はおまえらの母親ではない
おまえらクズの決心を　いつまでも待ったりはせん……！」

決断をしなければ、失敗が明らかになりません。一方で、決断をして失敗すれば、それが明らかになってしまう。そのため、決断することを避けて、「無難」に過ごそうとしています。

しかし当然ながら、決断をしなければ「失敗」を避けられるかというと、そんなことはありません。**失敗が「明らかにならない」だけで、知らず知らずのうちに失敗をしていきます。そしてチャンスを失い続けるのです。**

「まだ手にしていないチャンス」は、見えていません。そのため、それを失っても、それほど痛みを感じません。

ですが本質的には、**2000万円を失うのと、2000万円を得られるチャンスを失うのは、同じことです。**それだけ「損」をしているのです。

感覚的に損をしていないが、実際には損をしているということです。

そのことに気づいて、決断をしていかなければ、貴重なチャンスを失いつづけることになります。

何十年も読み継がれてきた、〝お金の古典〟である『バビロンの大富豪』（ジョージ・S・クレイソン著、大島豊訳、キングベアー出版）には次のような一節があります。

「どなたか、自分にとって非常に利益となる出来事を避けてしまうような人間をどう呼べばいいのか、教えていただけませんか」（中略）

「優柔不断な人間！」（中略）

「そう、チャンスが来た時にそれを活《い》かさない人だ。待ってしまう人だ。ほかにすることがたくさんあってできやしない、と言い訳を並べる人だ」

この本では、「幸運というものは、躊躇《ちゅうちょ》している間に逃げてしまうものだ」、そして「その元凶は、断固たる決意で迅速に行動することが求められているときに、不

必要にグズグズする習慣」と指摘しています。

雰囲気は違いますが、利根川が言っていることとまったく同じです。

優柔不断はチャンスを逃します。逃したことすら気づいていない人も大勢います。そして「オレにはチャンスがない」と愚痴るのです。これでは一生、チャンスを活かすことができません。利根川の言う通りなのです。

「ちょっと待ってくれ」「検討します」で、判断を先送りする人は、世間から、ビジネスから、チャンスから置いていかれるのです。

一攫千金のチャンスを前に、決心がつかない参加者たち。「待って……」と繰り返す者たちに「何を待つんだよ」とツッコミを入れたくなったのは私だけではあるまい。

明日死ぬと思えば、今日がリアルになる

「明日死ぬと思って　生きなさい。永遠に生きると思って　学びなさい」
（マハトマ・ガンジー）

明日死ぬと思えば、やりたかったことは今日すべてやってしまおうという気になるのではないでしょうか。そして、その日を〝本気〟で生きようとするはずです。終わりを意識すると、とたんにその1日が大切に思えるのです。

経済学は「稀《き》少性《しょうせい》」から出発した学問です。すべてのものは有限なので、できるだけ有効に使わなければいけない、ではどうすれば時間、お金、地球資源、その

他の資源を最大限有効に使えるのだろうか？　それを分析するために経済学はあります。

もし、この稀少性を意識しなかったら、人は「大切にしよう、有効に使おう」と考えなくなります。

「生き方」も同じです。

人生が今日で終わりだとしたら、何をするでしょうか。自分の行動が大きく変わるはずです。

「もう少し待ってくれ」というフレーズが出てくるのも、「今決めなくてもいい、また今度決めればいい」と思っているからではないでしょうか？　**つまり時間が有限であることに気づいていないからなのです。**明日死ぬと思えば、「もう少し待ってくれ」などと、悠長なことは言っていられません。大事なことはすぐに決断して、前に進もうとするでしょう。

ただ、「明日死ぬつもりで生きる」だけではいけません。明日死ぬのであれば、何をやっても無駄だから、今日1日、やりたい放題生きてもいいという考えも浮かびます。次の「永遠に生きると思って　学びなさい」もあわせて肝に銘じなければいけないのです。

私はこの「永遠に生きるつもりで学ぶ」を**「大事なことをじっくり学びなさい」**と理解しています。

世間には、「手っ取り早く、結果が出るテクニックを教えて」と望んでいる人が多くいます。すぐに結果が出る方法があれば、誰もが知りたいでしょう。ですが、多くの場合、それは付け焼き刃の知識でしかなく、本当に役に立つ知識、テクニックではありません。

そもそも、そんな手っ取り早く解決する知識があれば、誰も悩みはしません。そんなすごい方法があれば、この情報社会でみなさんの耳にもすでに入っていておかしくないはずです。

実際は、そんな知識はないのです。

以前、会社勤めをしていたころ、新卒で入社してきた後輩社員から「どうすれば優秀になれるんですか？」と聞かれたことがありました。哲学的なことではなく、言ってみれば「優秀になるスイッチはどこですか？」というような感覚で質問をしていたのだと思います。

当時の私は、「何言ってんだ、こいつ？」としか思えず、彼のためになる助言は何もしてあげられませんでした。その結果、彼はいろいろな人に「スイッチの場所」を聞いて回っていました。しかし結局見つからず、得るものがないと言って会社を辞めていきました。

私の感覚では、仕事ができるようになるためには、何年も現場で経験し、いろいろな知識を吸収し、いろいろな失敗から学ばなければいけません。10年くらい働いてようやく「仕事ができるようになってきた」というレベルだと思います。

重要なことは、一朝一夕に身につくものではありません。腰を据えて、じっくり学ばなければ、身につかないのです。そしてそれに気づかず、「10年も待ってられない」と考えていれば、一生身につかないのです。

「明日死ぬと思って　生きなさい。永遠に生きると思って　学びなさい」

まさにこれが、今日をリアルに生きるための、そして、今日がんばるための考え方なのです。

結局、資本主義ではすべてがギャンブル

「今やっていることが正しいのかどうか、わからない」

「何をやればいいのか、わからない」

そういう不満や不安を口にする人もいます。そしてそれを〝行動しない理由（言い訳）〟にしている人もいます。

そう言いたい気持ちはわかります。ただ、誤解してはいけないのは、**何をすべき**

かが100％明確にわかっている人なんていない、ということです。「絶対にこれだ！」という思いを持っている人はいますが、それは単にその人が「絶対にこれだと思う」と感じているに過ぎません。

もともと、100％の正解なんてないのです。だから、数年前まで圧倒的な収益力を誇っていた任天堂が赤字に転落し、マクドナルドも売上の低迷に苦しむということが起こるのです。

これだけの優良企業ですら、将来は見えないのです。正しいことが何かなんてわかりません。これまでうまくいっていたとしても、引き続きうまくいくかはわかりませんし、ましてや次の商品もヒットするとは限らないのです。

これは今に始まったことではありません。

『資本論』を書いたカール・マルクスは、**資本主義のギャンブル性**を指摘しています。マルクスは、すべての商品はできあがった後**〝命がけの跳躍〟**をすると言いました。

この〝命がけの跳躍〟とは、生産したものが、誰からも必要とされず単なる「モノ」で終わるか、顧客に認められて無事「商品」として買ってもらえるかの〝最後の賭け〟を示しています。

一生懸命作っても、それが客に求められなければ売れません。売れないものは商品ではなく、単なる「モノ」です。もちろん、誰もが売れるつもりで商品を作ります。ですが、実際にそれが確認できるのは、できあがってからなのです。

できあがるまではそれが商品となるのか、モノで終わるのかわかりません。すべての工程が終わった後、最後の最後に消費者からのテストが待っていて、そのテストに合格したものだけが商品となるのです。つまり、〝命がけの跳躍〟に失敗した場合、それまでの労力は水の泡となるのです。

パチンコや競馬に限らず、資本主義ではすべてのビジネス、すべての商品がギャンブルだったのです。

どんなに準備してきても、市場に受け入れられないことはよくあります。どんなに時間とお金をかけて開発した商品も〝命がけの跳躍〟に失敗すれば、奈落の底に落ち、すべて水の泡になる。でもそれが資本主義経済で、それが働くということなのです。

「先が見えない」「何をやっていいのかわからない」のは全員一緒です。誰も確実な未来なんてみえていないのです。わからなくても、やってみるしかない。

そもそも確実なものなんて何もない。誰もが〝命がけの跳躍〟をし、ギャンブルをし、それに勝った人だけが残っている。自分が生きているのはそういう社会なんだということを忘れてはいけません。それが資本主義なのです。

こんなことを書くと、働くということが怖くなる人もいるかもしれません。ギャンブルに勝ち続けることも無理だし、そもそもそんな不安定な世の中で常に勝負に追われるなんて嫌だと思うかもしれません。

でも、このギャンブルの世の中を、生き抜いていく方法があります。運否天賦《うんぷてんぷ》の勝負ではなく、成功の確率を意図的に高めていく生き方、考え方があります。

これから、それをみなさんにお伝えします。

「じゃんけんカード」で窮地に立たされたカイジ。その決死の覚悟を象徴する1コマ。“命がけの跳躍”というマルクスの言葉とカイジの決意が完全に一致していることに感動すら覚える。

第1章

勝ったらいいなではなく、勝たなきゃいけない

勝たなければ、他人の評価は得られない

「勝負は、勝たなければいけない」

この言葉に強く賛同する人と、強いアレルギーを持つ人と、両方いると思います。
もちろん、人生は勝ち負けだけではありません。勝ち負けに関係ない場面では、別に競争する必要はありません。

ただ、他人から評価してもらおうと考えるのであれば、勝たなければいけません。
スターと呼ばれる人たちが、なぜ世間の注目を集め世間から評価されているかと言えば、それは利根川が言うように「勝ったから」「結果を残しているから」です。

イチロー選手は、日本でプレーしている間、ずっと「振り子打法」というかなり独特な打法でした。かなり斬新なフォームですし、通常であれば、すぐに改善指導されるでしょう。現に、バッティングコーチにも改善を求められたようです。

しかし、イチロー選手は変えませんでした。そして実績を残しました。

10代で球団入りした若いイチロー選手が、コーチの意見を突っぱねて独自のバッティングフォームを貫くのは大変なことだったと思います。それでもチームや世の中から支持されたのは、間違いなく「結果を残したから」です。

結果が出せなければ「それ見たことか」と非難されます。それでも態度を変えなければ、クビになり、無視されて終わるでしょう。

信念に従って独自のフォームを貫いたからではなく、結果を残したからこそ評価されているのです。

これはイチロー選手本人も認識しています。

2006年、イチロー選手が、テレビドラマの『古畑任三郎』シリーズに出演しました。野球選手が、俳優にチャレンジしたわけです。ただ、このことを振り返ってイチロー選手はこう言っています。

「今回だって、ぼくが2割5分でヒットが150本に終わったら、もうとても『古畑任三郎ファイナル』には出られなかったですからね」

この時期、イチロー選手は、毎シーズン200本以上のヒットを打っていました。200本以上ヒットを打つのが当たり前と考えられていたのです。150本に終わっていたら「ダメな年」です（他の選手だったら好成績かもしれませんが、イチロー選手の基準に照らし合わせると×なのです）。そんなダメな年に本業ではないドラマに出演したら、世の中からなんと言われるでしょう。

世の中が評価するのは結果です。どんなに強靱《きょうじん》な意志を持っていたとしても、それ自体が評価されることはまずありません。勝ったから、その意志が評価されるのです。

「勝たなければ他人からの評価は得られない」。これが真実です。

多額の借金を抱え、一夜限りのギャンブル船エスポワール号に乗る面々に利根川が強く語る名場面。人生の勝負から逃げ続けた結果の転落。利根川の叱責に自らの不甲斐なさを痛感し、人々はむせび泣く。

「プロセス」と「結果」どちらが大事かという永遠の論争

結果がすべてではない。プロセスも重要なはず。

そう言いたい人もいるでしょう。もちろん、その気持ちは理解できます。

ですがそれは、自分自身で主張すべきことではありません。

「プロセスも重要」という言葉は一理ありますが、「正しいプロセスを踏んでいれば、それでＯＫ」ではないのです。

みなさんが、野球の試合をみに行ったとします。しかし、両チームともエラーばかりで、なんとも不甲斐《ふがい》ない試合でした。この時、試合後のインタビューで選手が「いや、でも練習はしっかりやってきたので、そこは評価されるべきです」と言ったらどう感じるでしょうか？

「そんなこと知らねぇよ！」と怒るでしょう。

買ったばかりのパソコンが壊れ、メーカーに問い合わせたところ、「なるほど。でも、製造過程は正しかったので、半額だけ返金します」と言われたら、どうでしょうか？

消費者が買うのは、「結果（商品）」であり、「プロセス」ではありません。その会社の社員ががんばったのであれば、商品がちゃんとしてなくてもいいや、と考えている人は、おそらくいないでしょう。消費者として、私たちはみんな、「結果」で相手を見ているのです。

そして、消費者である自分が他人を「結果」で見ているのとまったく同じように、他人も自分を「結果」で見ています。

ここで忘れてはいけないことがあります。それは、私たちは消費者であると同時に労働者である、ということです。経済学では、個々人を消費者としても扱いますが、同時に労働者としても考えています。つまり、モノを作っているのも、買っているのも、私たちで、日本全体として考えれば、私たちは**自分たちで作ったものを、自分たちで買っている**ことになるのです。

私たちは、消費者として商品を〝プロセス（製造過程）〟ではなく、〝結果（最終形態）〟で判断しています。また結果で判断すべきと思っています。それはつまり、労働者としての自分を、〝プロセス〟ではなく〝結果〟で評価すべきと考えている、ということなのです。

消費者として企業に「結果」を求めているのであれば、労働者として「プロセスを評価してください」というのは虫がよすぎるというものです。

「結果が大事か、プロセスが大事か」は議論にならないのです。**「結果が大事」**なのです。

人生をリアルにする

現実の経済では〝単なる願望〟は相手にされません。

経済学には、**「有効需要」**という考え方があります。ひとくちに需要といっても、じつは2種類あります。ひとつは、「いいなぁ。いつか欲しいなぁ」という願望に近い需要。そしてもうひとつは、自分のお財布と相談したうえで「欲しい、買える、買おう」と思っている需要、つまりちゃんと買うためのお金を持ったうえで「欲しい」と言っている需要です。

後者を経済学で「有効需要」と呼びます。この需要こそが「有効」で、考慮するに値する、相手にすべき需要ということです。逆に、買うためのお金、それを達成するために必要な資源を持っておらず、「いつか欲しいなぁ」と感じているだけでは意味がない。そういう需要は、考慮するに値しない無意味なものだと言っているのです。

現実の経済に必要なのは、もちろんリアルな「有効需要」です。「いつか欲しいなぁ」と、うわ言のように言っていても誰も相手にしてくれません。

私が学生の時、仲間と卒業旅行でイタリアに行きました。この時、ミーハーな気分で、高級ブランドショップに入りましたが、店員は誰も接客しに来ませんでした。私たちのグループの中で誰も「買いそうな雰囲気」がなかったからです。「これカッコ良くない?」と眺めているだけで、一切買う気がなかったからです。

また、いかにもお金を持っていなさそうな人が自動車のディーラーに行っても、住宅展示場に行っても相手にされません。その人は「欲しい〜」と言っているだけで、〝リアル〟ではないからです。お金を持っていて、「自分は買える」と示した瞬間に〝リアルな需要〟として見られ、相手にしてくれるのです。

リアルにならなければ、相手にされません。

リアルにならなければ、考慮もされません。

厳しい言い方になりますが、これが現実なのです。

本気にならなければ、目標が「リアル」にならない

「勝たなくてもいい」「どうせ勝てない」と思っている人には、勝っている自分、つまり夢を実現し、幸せになっている自分が、ちらりともイメージできないのではないでしょうか？

人生には目標や夢が必要と言われますが、その目標や夢が、あまりに遠くに見えている人にとっては、それはいつまでたっても現実の目標にはなりえません。

カイジが高級車にイタズラをして回るのは、「金を掴《つか》んでいないから」と遠藤は言いました。「金を掴んでいたら、そんなイタズラしない」と。

そして「勝てっ　カイジ……！　勝って大金を掴め！」とカイジを鼓舞します（もっとも、これはカイジのためを思ってではなく、エスポワール号に乗せるため、でしたが）。

エスポワール号にカイジを乗せたい遠藤は、巧みな言葉でカイジをその気にさせた。遠藤の言う通り、手に入れた自分をイメージすることが人生のスタートラインなのだ。

現実の社会でも同じです。夢や目標をリアルに感じることができなければ、ため息が出るだけで、なんの意味もありません。**まずは、その目標や夢をリアルに感じられるところまで自分が行かなければいけません。**

そのために必要なのは、必ずしもお金ではありません。ある程度の実力、気力、経験を持つことで、自分の夢が一気にリアルになることがあります。

まったく英語ができない人が、アメリカに留学するという夢を持っていても、それはリアルではないかもしれません。しかし、少し勉強して、「あとこれくらい勉強すれば英語が話せるようになるかも」という感覚が摑めた瞬間、一気に留学がリアルになります。

ビジネスも同じです。新規事業を企画する時、「こんな事業をやりたいんです」と思っているだけでは、まったくリアルになりません。具体的に「商品Aを○○個、商品Bを××個売る、お客さんは何人」と計画を立ててみて初めて、足りないものが見えてきて、自分が何をしなければいけないかがわかってくるのです。

○○の仕事をやってみたい、転職したいと思っているだけでは単なる願望です。

しかし、具体的にその仕事に必要なスキルを少し勉強しただけでも、一気にリアルになります。

遠藤が言っているのは、**「まず一歩を踏み出せ」**ということではないでしょうか？　夢を持っていたとしても、黙っていて夢が現実になることはありません。**夢のほうから自然に近づいてくることはないのです。**だから、まず一歩を踏み出すことが大事。遠藤はカイジにそう言ったのです。

体感がなければ、何も身につかない

多くの人は何かを始める時に、「まだよくわからないから」といって、様子見をします。

「株を買おう、でもまだよくわからないから、様子を見よう」

「勉強のために学校に行こう。でも他にもいい学校があると思うから、いろいろ様子を見てから決めよう」

「このビジネスをはじめよう。でも、まだプランが完璧じゃないから、もっと調べてからにしよう」

こう言ってなかなか行動に移せません。よい言い方をすると、「慎重」ですが、悪く言うと「腰が重い」「優柔不断」なのです。たしかに、様子を見ることも大事ですが、結局は様子をみているだけではわからないことが多くあります。はじめてみて、失敗を重ねて、強烈に痛い思いをするからこそ、前進していけるのです。


いくら勉強しても、実際にリスクをとって行動してみなければ本当に大事なことはわかりません。

ビジネス書を読んで内容を理解しても、それは単なる「わかったつもり」です。ビジネス書を読んでもそれだけでは仕事のできる人にはなれません。それは行動に移していないからです。頭で理屈を知っても、実際にやってみると随分違います。

わかっていることと、実際にやってみることとの間には大きな開きがあるからです。バーチャル投資でいくら株式投資を「勉強」しても、ほとんど意味がありません。「わかっちゃいるけどやめられない」ということや、「やらなければいけないことはわかっているけど、怖くて手が出せない」ということが多くあるのです。

実際に、やるべきことがわかっていても、迷います。「もし失敗したら、投資した時間とお金が無駄になる……」「他にもいい方法があるのでは……？」と考えて、行動に移せないことが頻繁にあります。頭でわかっていることをそのまま行動に移せることがどれほど大事なことか、またそのまま行動に移すことがどれほど難しいことか、嫌というほどわかるでしょう。

本当に学びになるのは、真剣に自分のお金や時間を張ってみて、ヒリヒリするような感覚の中、決断していく時です。「百聞は一見に如《し》かず」といいますが、「ビジネス書１００冊は、一実戦に如かず」なのです。

知識はもちろん大事です。下調べも大事です。シミュレーションも大事です。しかし、その時に発生する感情を体感し、克服しなければ学びがないのです。

地下施設で、大槻との「チンチロ」対決の１コマ。様子見をしてきたカイジは、本気で張らなければ勝てないと気づく。「ひりつく」ほどのリアリティがなければ、何も始まらない。

自分のお金と時間を実際に使い、リスクを感じながら真剣に取り組まなければ、なんの成果も得られないのです。

ワークライフ・バランスなんて言っている余裕があるのか？

過労による自殺や精神的な病気、ブラック企業のニュースが出ると必ず、その対極という扱いで、ワークライフ・バランスが取り上げられます。

たしかに、嫌な仕事ばかりの人生は意味がないかもしれません。そのため、やりたいことと私生活を充実させるワークライフ・バランスは人生の設計図になる考え方として持っておくべきだと思います。

しかしそれは、「仕事が〝そこそこ〟でいい」ということではありません。

人生観は人それぞれですから、自分が心から望んでいることであれば、誰がなんと言おうと、その生き方をすべきだと思います。

ですが、もし将来はこういうことをしたい、こうなりたいという思いがあるのだとしたら、それにたどり着く目途が立っていないうちからワークライフ・バランスを考えるべきではありません。

ましてや、実力もつかないうちから、「私はプライベートを大事にしますので」といって仕事を早々に切り上げるようでは、一生実力は上がらないでしょう。

結婚して、子どもができ、〝ライフ〟にも責任を持たなければいけない人は別です。そういう人は、仕事と家庭のバランスをとり、両立させる必要があります。

ですが、家に帰っても特にやることもない、趣味の時間に充てる、テレビをみながらビールを飲むというのは、仕事で成果を出せるようになってからにすべきです。


現在一流と言われている人、活躍して自分の道を進んでいる人が、若い時にワークライフ・バランスを考えていたと思いますか？　自分はプライベートも充実させたいから、といって仕事を早々に切り上げていたと思いますか？

そんなことは、まずありません。その場所に至るまでは、がむしゃらに働き、がむしゃらに努力していたはずです。だからこそ、今があるのです。

ある先輩経営者が**「ワークライフ・バランスは、生涯で達成するべき」**ということをおっしゃっていました。つまり、仕事に打ち込むべき時期と、生活を楽しむ時期を分けて、人生トータルでワークとライフのバランスをとるべきということです。まさにその通りだと思います。

そもそも、ワークライフ・バランスをとりたいと考えるのは、〝ライフ〟を充実させたい、もっと人間として幸せに生きたいという願望からですね。つまり、「(仕事もしなければいけないけれど)生活を楽しみたい、やりたいことをしたい」ということです。

しかしここにジレンマがあります。プライベートを充実させるためには、通常、ある程度のお金が必要です。そして、プライベートを楽しむための時間を確保するために、ある程度短時間でお金を稼ぐ力が求められます。

お金がなければ、プライベートを充実させるのにも限度があります。お金を稼ぐ力がなければ、生活費を稼ぐだけで精一杯になってしまい、生活を楽しむ余裕がなくなってしまいます。

そして、プライベートを充実させるためのお金と稼ぐ力を得るためには、働かなければいけないのです。資本主義経済では、簡単に大金を稼ぐことはできません。お客さんに価値を認めてもらって、ようやくお金をもらえるのです。また、短い時間でお金を稼ぐ力を身につけるのは、もっと大変です。すぐにできることではなく、長い間経験を蓄積し、他人よりも大きな価値を発揮できるようになって、ようやく「短時間で稼げる力」が身につくのです。

つまり、一生懸命に働いてお金と稼ぐ力を自分の中に溜《た》めなければならないということです。

ワークライフ・バランスの目的は、〝ライフ〟に割く時間を増やし、充実させること。しかし、そうするためには一生懸命に働き、お金と稼ぐ力を確保しなければいけない。

これがワークライフ・バランス最大のジレンマです。

毎日毎日バランスをとろうとすると、どうしても仕事をする時間が短く、細切れになります。そして、どうしても仕事に打ち込めなくなります。自分としては打ち込んでいるつもりでも、時間が短ければそれだけできることが少なくなります。同じ時間を費やす場合でも、連続して時間を確保するのか、細切れで行うのかによって出せる成果には大きな差が出ますね。細切れの時間だとなかなかノッてきません。

経済学理論も同じ結論を出しています。次ページの「費用関数」の図を見てください。「費用関数」とは、同じ量の生産をするのに、どれくらい費用がかかるかを表したものです。

横軸を成果（生産量）、縦軸を費用とすると、こうなります。

最初のころは、費用だけどんどん増えるのに、成果があまり増えていません。しかし、徐々に効率的になっていき、費用をそれほど増やさなくても、成果をどんどん増やせるようになる、ということを表しています。

「徐々に効率がよくなる」のです。細切れの時間では、その都度、ゼロからのスタートになり、ずっと効率が悪いんです。ノッてこないんですね。

車も動き始め（一速）が一番ガソリンを食い、なかなか前に進めません。でも、徐々にスピードに乗ってくると、効率的に成果を出すことができるのです。

なんでも最初は効率が悪い、徐々に効率がよくなっていくということなのです。

ですから、まとまった時間を確保したほうが、成果が大きくなる、ということがよくあるのです。

でも、日々バランスをとろうとすると、

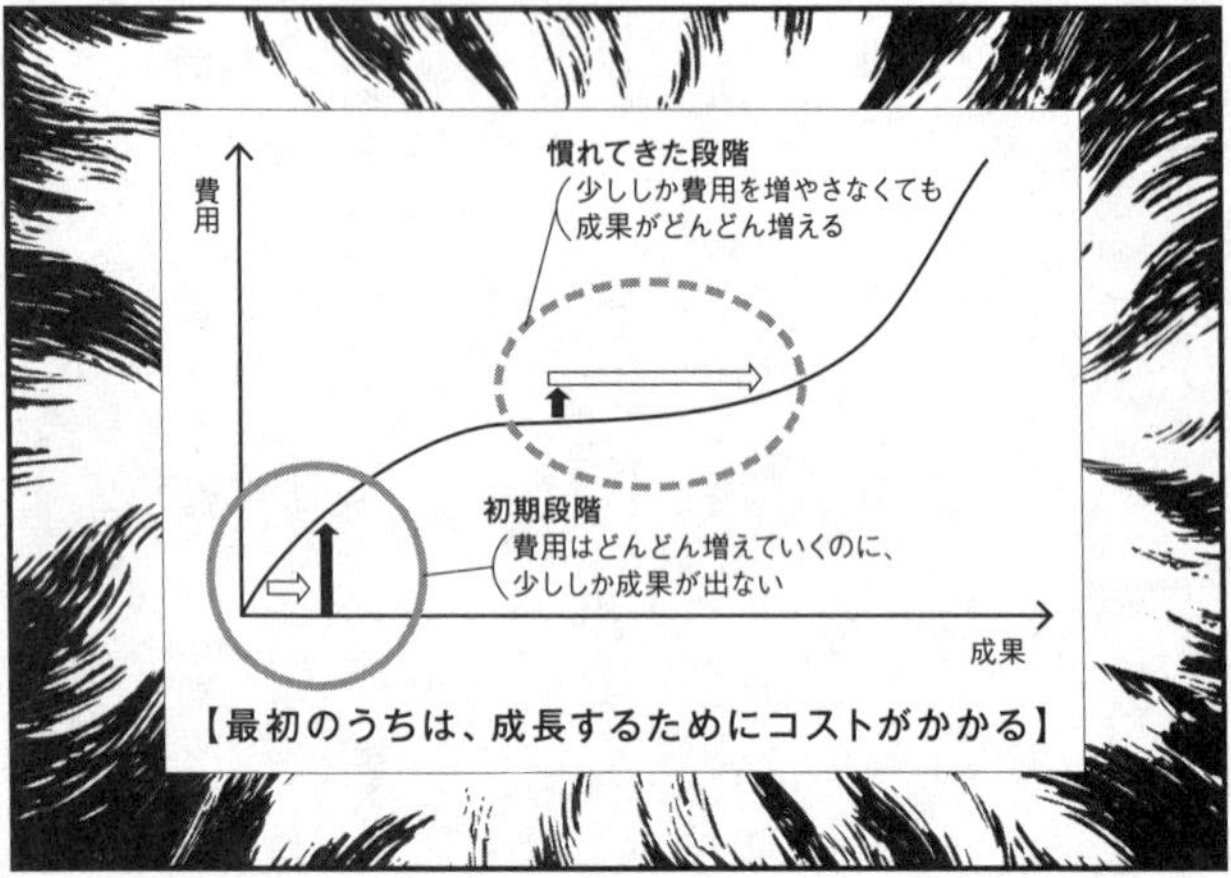

【最初のうちは、成長するためにコストがかかる】

どうしても労働時間が細切れになります。その結果、**本来だったらスキルを身につけている歳になっても、未完成のままになってしまう**のです。

これでは、仕事が中途半端になってしまいます。ビジネス上の評価が低く留《とど》まるでしょう。その結果、稼ぐ力も身につかず、プライベートを充実させることができません。仕事もプライベートも中途半端な状態がずっと続きます。結局自分が不幸になってしまうのです。

それなりにしか仕事をしない人は、それなりにしか成果を残せませんし、それなりにしか評価されません。そして若いうちに、それなりにしか仕事をしていない人は、歳を重ねてから惨めな思いをします。

〝キリギリス〟が冬になって、どんなことになったか、思い出してください。

日本の絵本では、アリに説教をされた後に、食べ物を恵んでもらえることになっています。しかし、原作では違います。「夏の間はずっと楽しそうに歌っていたんだから、冬の間は踊って過ごしてみたらどう？」と言われて、キリギリスは見捨てられ、餓死するのです。

働ける時に一生懸命働いている人からすれば、若い時から「ワークライフ・バランス」を口癖のように唱えている人は〝キリギリス〟にしか見えません。

そんな余裕、ないはずです。時間が経ってから「あの時しっかり働いていればよかった……」と後悔しても遅いです。ワークライフ・バランスを考えていい時期なのかどうか、自分に厳しく問いかけるべきです。

「今からでも遅くはない」は、本当でもあるし、嘘でもある

「何かを始めるのに『遅すぎる』ということはない」と言われます。カーネル・サンダースがケンタッキーフライドチキンを始めたのは62歳の時でした。マクドナルドがフランチャイズ制を導入したのは、レイ・クロック（マクドナルドコーポレーションの創業者）が52歳の時でした。これは、何歳になってからでも夢を叶《かな》えられるという主張の裏付けとして頻繁に紹介されています。

「今からでも遅くはない」は真実です。

しかし一方で、時がたつにつれてチャンスがどんどん減っていくのも真実です。**人生にはタイムリミットがあります。人間には寿命があります。いつまでも生きてはいられません。「ゆっくりやろう」では間に合わないこともあるのです。**

また、同じ実力値だったとしても、その人が20歳なのか、50歳なのかで見られ方が変わります。同じ実力の20歳と50歳が同じビジネスの提案に来たら、どちらに任せるでしょうか？　実力やセンスがまったく同じだったら、ほとんどの方が20歳に任せると思います。実力は同じでも、環境としては、歳を重ねるにつれてどんどん分が悪くなります。

これが現実によく表れているのが、「就職（転職）」です。多くの場合、職業の応募には年齢制限があります（法律では年齢による差別は禁止されていますが、現実には歴然とした制限があります）。熱意や能力が一緒でも、年齢で切られてしまいます。20代で業界未経験は通っても、40代で未経験は受け入れられません。

また、当然体力面でも50歳は不利ですので、同じことをやるのは難しくなります。

「今からでも遅くはない」ですが、どんどん条件は悪くなるのです。

言ってみれば、各年代に〝足きりバー〟があり、それを超える実力を備えていなければ、そこで〝敗者〟となってしまうのです。

若ければ若いほど、チャレンジが許されます。

何かにチャレンジするのに年齢は関係ないというカーネル・サンダースのエピソードは、個人の意識下の話です。でも実際は、社会はそうは思ってくれません。諦めずにやり遂げれば不可能なことはないと思う一方で、やり遂げるための難易度は、年齢を重ねるにつれて、確実に、しかも急激に上がっていくでしょう。

仮に生涯で同じ時間働くとしたら、20代には、できるだけ仕事に多くの時間を割り当てるべきです。少なくとも、家庭を持たないうちはプライベートに時間を割かなければいけない責任はありません（あくまでも一般論ですが）。誰に気兼ねすることなく、仕事に没頭できる時期のはずです。

ワークライフ・バランスを生涯で達成するのであれば、若い時に人生を楽しんで、30代・40代になってから仕事に打ち込めばいいと考える人もいるかもしれません。それでも同じだと。しかし、そんなことはありえません。

実力が同じだとしたら、年齢を重ねるにつれて、世の中から与えられるチャンスは減ります。そのため、「仕事をしてから遊ぶ」のと、「遊んでから仕事をする」のとでは、大きく違います。

できるだけ早い段階に実力を上げておくほうが、世間から与えられるチャンスは大きくなります。仮に生涯でする仕事の時間が同じだとしたら、できるだけそれを若い時に配分していくほうが、時間の使い方として「効率がいい」のです。

勝つためには、打ち込む時期が必要です。打ち込むのが早ければ早いほど、早く実力が身につきます。そして勝てる可能性も上がっていきます。

ワークライフ・バランスは、一生涯で達成する！　みなさんは今、どの時期にいますか？

毎日ワークライフ・バランスをとる

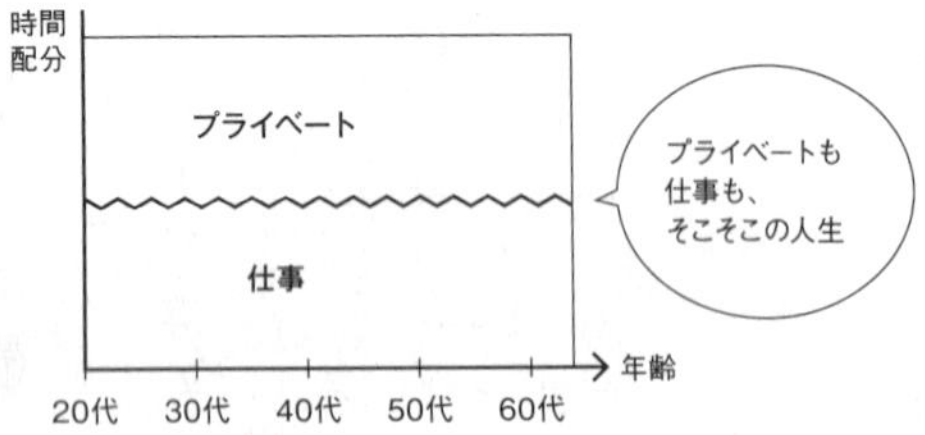

人生全体でワークライフ・バランスをとる

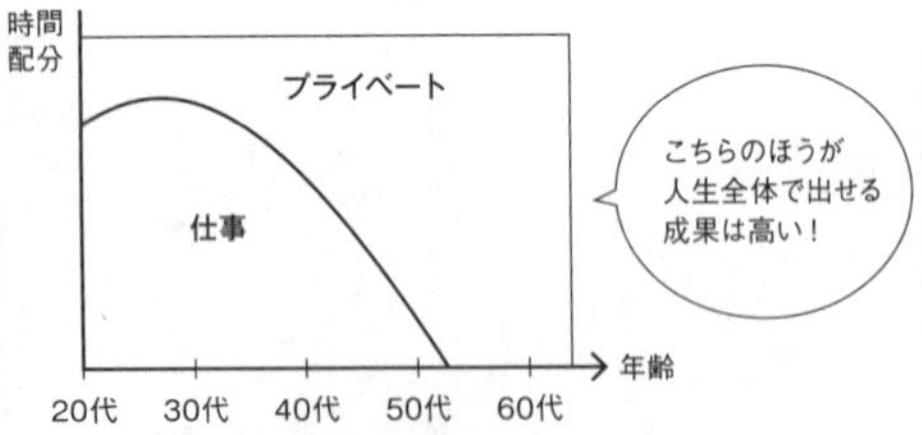

【ワークライフ・バランス、いつとる？】

「それは俺のやる仕事じゃない」という人が〝余る〟

かつて、『稼ぐ人、安い人、余る人』（キャメル・ヤマモト著、幻冬舎）という本がベストセラーになりました。これは人材を「能力が高い人」「中くらいの人」「能力が低い人」に分類し、それぞれがこれからどのくらいの稼ぎになるかを分析した本です。

能力が高い人がこれから「稼ぐ人」になることは疑いようがありません。そして、能力が低い人がクビになり、「余る人」になることも自明……かと思いきや、そうではありません。

この本では、

能力が高い人　＝　稼ぐ人
能力が中くらいの人　＝　余る人（クビになる人）
能力が低い人　＝　安い人

としています。

なぜでしょうか？

それは、「能力が低い人」が、（いい意味で）開き直って「どんな仕事でもやらないと生きていけない」と給料が安い仕事でも引き受けるのに対して、「能力が中くらいの人」は、「それは俺がやる仕事じゃない」と選《え》り好みするからなのです。

内定をもらえずに悩んでいるのに、「中小企業はちょっと……」「やりたい仕事に就きたい」と選り好みをしている就職活動生は本当に多いです。

自分の希望や意思を持つのは大事なことです。しかし、その希望が通るのは、見合う能力があり、クライアントに認めてもらえた場合のみです。実力が見合わなければ、希望は通りません。実力がないうちから、選り好みをしてはいけないのです。

大ヒットした映画『モテキ』でも同じ指摘がされています。主人公のうだつの上がらない男子が、何をやってもうまくいかず、仕事を投げ出そうとしていました。その時、先輩女子から言われたセリフです。

「もっと自由にとか、もっと自分の思いのままにとか、そういうのは限られた人間だけが許されてんの。おまえは違うの。だから、黙って働け！『オレ、もうこの仕事やめよう』とか言えるポジションにも、いねぇんだよ、おまえは！」

と、どやされるのです。


自分の希望を聞いてもらうには、実力が見合っていなければいけません。実力が見合うまでは、下積みを経験しなければいけません。「自分は四大を出てるから」とか、「こんな仕事に就いたら友達からバカにされる」とか、「オレのキャリアアップにならない」という、変なプライドを捨てて、まずは与えられた仕事に取り組み、実力を蓄えることを考えなければいけません。
そうでなければ、みんなから無視されて「余る人」になるだけです。

第2章

カイジが生きる、残酷な社会のルール

ボロ…
ボロ…
ボロ

勝っている人だけが知っている、この世のルールがある

私たちが生きている現代は、「資本主義」というルールを採用しています。そして資本主義の中では、そのルールに基づいて「評価」がなされます。

サッカーと野球は球技という意味では同じですが、評価方法は違います。そのルールに沿った行動をしなければ、評価されません。サッカーでは、「ネットをボールで揺らす」と1点とみなされます。それならばと、野球で同じようにボールでネット（バックネット）を揺らしても点は入りません。ファウルです。

勝ちたければ、まずルールを知らなければいけません。スポーツで考えれば当たり前です。でも、現実には、多くのビジネスマンがルールを知らずに働いています。

たとえば、

その商品の値段はどう決まっているのか？

自分の給料がどう決まっているのか？

何が評価されて、何に対してお金が支払われているのか？


ルールを知らずに日々「一生懸命」働いている人がなんと多いことか。勝つためには、まずルールを知らなければいけません。


もしかしたらみなさんは、世の中の評価は、「成果」や「相手に与えるメリット」で決まる、と考えているかもしれません。たしかに、成果やメリットは重要です。

しかし、それだけを考えていると、大事な部分を見落としかねません。

もちろん、世の中は、その人が出した成果、その商品のメリットを評価します。

しかし、それ以前に、**過去からの積み上げ**を評価しているのです。

どういうことでしょうか？

まず、世の中の評価を客観的に表している指標は「値段」です。商品であれ、サービスであれ、また労働者であれ、評価は「値段」で表されます。

ということは、その値段がどう決まっているかを知ることからはじめなければいけません。モノ、サービス、労働力の値段は、どのように決まっているのでしょうか？

なぜ、そのお茶は150円なのか？

みなさんは普段からいろんな商品を買っています。たとえば今日もペットボトルのお茶を買ったかもしれません。そのペットボトルのお茶は150円でした。では、なぜ150円なのでしょうか？

「そのくらいが相場だから」

では、その相場は誰が決めたのでしょうか？
なぜ150円と決めたのでしょうか？

「150円分の満足感があるから」

本当にそうでしょうか？　みなさんはお茶を買う時に150円分の満足感があることを実感して買っていますか？　真夏で喉がカラカラになりそうな時期も、真冬で冷たい飲み物なんかほしくない時も、同じ150円です。
そう考えると、つじつまが合いません。
じつは、商品の値段はまったく別のロジックで決まっているのです。

経済学では、中世から「商品の価値を決めるものは何か？」という研究がされてきました。〝経済学の父〟と呼ばれるアダム・スミスの時代には、「労働価値説」という理論が主流でした。これはつまり、**「人間が働いた時間に応じて価値が決まる」**ということです。作るのに2倍の労働が必要な商品は、そのまま2倍の価値がある、半分の時間でできる商品は、価値が半分になるということです。そして、カール・マルクスもスミスの主張を踏襲しています。

しかしその後、**「価格は、消費者が感じる満足度に基づいて決まる」**という理論が出てきます。消費者が100円分の満足感を感じ、100円までなら払ってもいいと感じるから、その商品は100円になる、という理論です。

また一般的に現代では、**値段は需要と供給のバランスがとれたところで決まる**というように習います。

いろいろなことが言われていますが、現在の日本経済を考えると、じつは最初にアダム・スミスやマルクスが唱えた「労働価値説」で説明できることがたくさんあります。つまり、**その商品を作るのにかかった労力に応じて、値段が上下するということです。**

これは意外な事実かもしれません。

ビジネスパーソンが重要視しているのは、「お客様のメリット!」です。お客様にメリットがある商品を提供することがすべてだと感じています。安く買い叩《たた》かれてしまうのは、お客様へのメリットが不十分だからだ、と。

たしかにお客様へのメリットは重要です。ですが、それだけで値段が決まっているのではないのです。**むしろ別の要素のほうが重要なのです。**

消費者の立場で商品の値段を見ると、必ずしもメリットだけで値段の妥当性を判断していないことに気づきます。むしろ違う要素を重視しているのです。消費者の目線で見てみると、私たちがビジネスパーソンとして会社内で言われていることと、全然違う判断をしていることに気が付きます。

たとえば、

・ミシンを使って30分で作った刺繍《ししゅう》
・1週間かけて手縫いで作った刺繍

に値付けをするとしたらどちらを高く設定しますか？

おそらく大半の方が「手縫いの刺繍」を高くするでしょう。「1週間で手縫い」のほうが高くて当然、と感じます。そして、ミシン製が手縫いと同じ値だったら、

「ミシンで作ったのに、高くない？　ぼったくりじゃない？」と感じます。

もしかしたら、ミシンで作った刺繍のほうが、ミスがなく質が高いかもしれません。しかし、それでも「1週間かけて手縫いで作った刺繍」に高い値付けをするのです。

これはつまり、**消費者として感じるメリット（刺繍の美しさ）ではなく、その刺繍を作るのにかかった労力で値付けを判断している**ということなのです。

何かの習い事に行く時、回数や期間で割安・割高を判断することがあります。「10万円だけど、半年間だから安いよね」「2回で10万円は高い！」というように。

本来気にしなければいけないのは、そこに通って目的のスキルが身につくかどうか（その講座のメリット）ですね。もっと言ってしまうと、1回ですべてのスキルが身についたほうが効率的でメリットがあるはずです。無駄な時間がかからない分、そちらのほうが高いお金を払ってもいいような気がします。しかし、人はそうは考えず、回数や期間（相手が自分のために費やしてくれる時間、労力）でその価値を判断しているのです。

おわかりいただけましたでしょうか。

私たちは消費者として商品を**「それを作り上げるのに必要な労力」**で判断しています。そして企業もその視点をベースに妥当な値段を考えているのです。

〝すべてのコストの積み上げ〟がモノの値段になる

商品の値段相場は、それを作るのにどれくらい労力がかかるかで決まります。しかし、すべての商品がその場でゼロから作られているわけではありません。原材料を買ってきてそれを使って生産されることもあります。
この時、最終商品の値段は、その最終商品の原材料をすべて足し合わせた分になります。つまり、大雑把に言うと、原材料の〝積み重ね〟が、最終商品の値段になるということです。

現代では、誰かが作ってくれた商品を原材料として仕入れ、それを基に自社で商品を作ります。ですがその場合でも、商品の価値を決める理屈としては変わりません。

誰が作ったかは問題ではなく、その商品をゼロから作り上げるのに、トータルでどのくらいの労力がかかったか、が重要なのです。

他人（他社）から仕入れたものは、原価として自社の商品の価値を作り上げていきます。

その商品を作るのに多くの労力がかかっていれば、その商品の価値が上がります。具体的にペットボトルのお茶で考えてみます。

ペットボトルのお茶を作るには、

・お茶っ葉を育てなければいけません
・適した水を探して、汲《く》んでこなければいけません
・おいしいお茶になるように研究しなければいけません

・パッケージをデザインしなければいけません
・ペットボトルの容器を用意しなければいけません
・ペットボトルに詰めて、ふたを閉じなければいけません
・コンビニや自動販売機まで運ばなければいけません
・その他、この商売を維持するのに必要な管理があります

これらの労力があって、初めてペットボトルのお茶ができるわけです。そのため、このペットボトルのお茶の価値は、「これだけの労力を積み上げた分」と考えられます。

そして、それに基づいて値段が決まります。

これは私が勝手に作り上げた考え方ではありません。カール・マルクスが書いた歴史的大著『資本論』で説かれている理論です。これが、マルクスが資本主義経済を分析し抜いて導いた結論なのです。

資本主義経済が成立して以来、私たちが評価しているのは、じつは、この〝**積み**

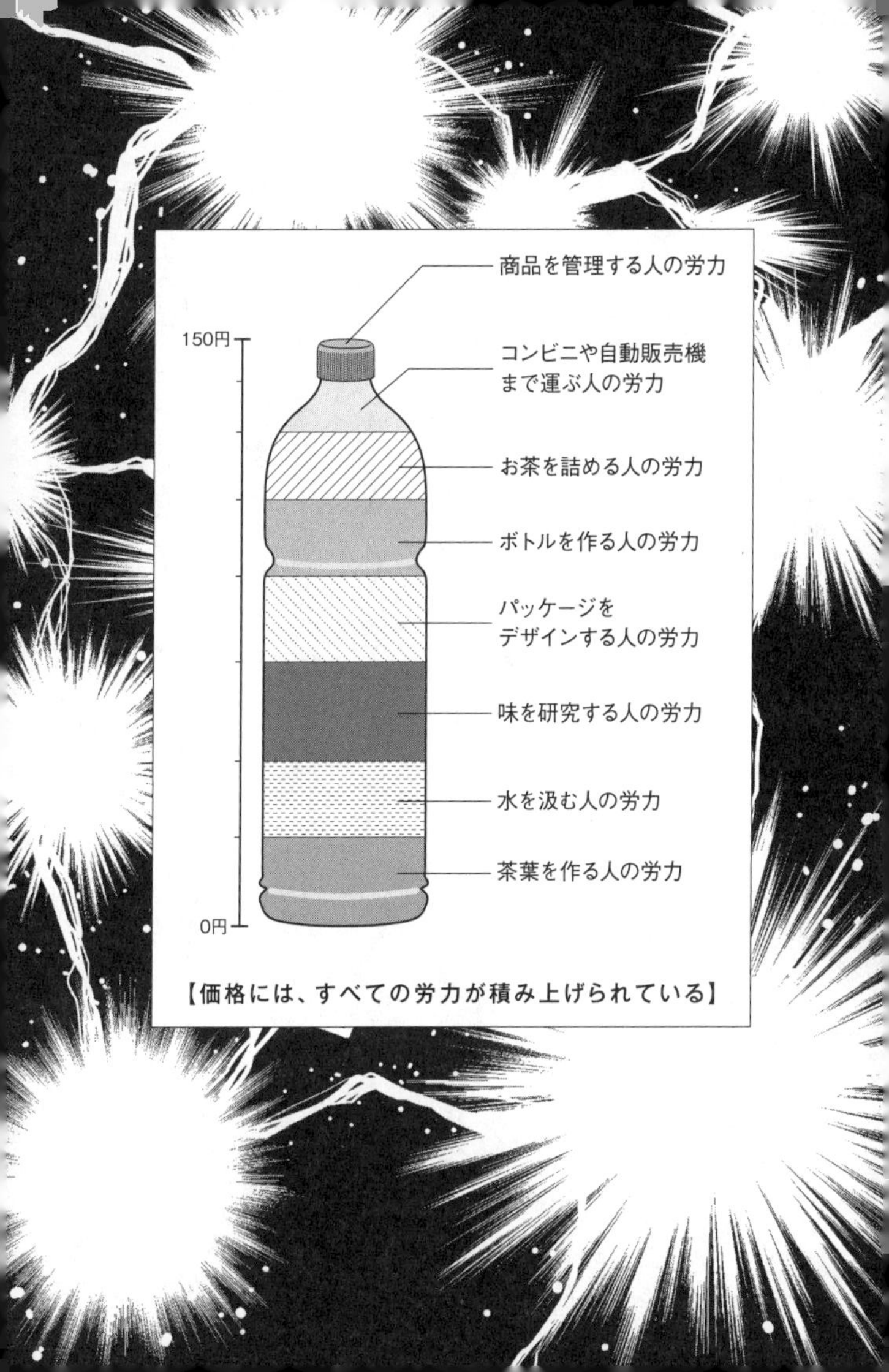

【価格には、すべての労力が積み上げられている】

上げ〟だったのです。

価格の相場を決めるのは「労力」、そこから価格を上下させるのが「メリット」

このように考えると、**商品の値段を上げるために必要なのは、その商品を構成する各要素の価値を増やすこと、だとわかります。**

たとえば、同じペットボトルのお茶でも、「静岡の茶畑で、有機農法にこだわって丹精込めて育てたお茶っ葉を使用」であれば、価値が上がり、高い値段を設定できます。おいしくなったからではなく、要素の価値（労力）が上がった分だけ、その商品の価値が上がるわけですね。

ただし、会社で「お客様へのメリットを考えろ！」といわれつづけてきた私たちには、この労働価値説をにわかに信じることができません。
「どれだけ労力を費やしたかなんて関係ない！　やはりメリットが重要だ！」と。

おっしゃる通り、メリットは重要です。そして、商品のメリットが価格に何も影響を及ぼさないかというと、そうではありません。

経済学的に言うと、メリットや消費者が感じる満足感は、需要・供給の法則を通じて、商品の値段に影響を与えます。メリットが高いものは、より多くのお客さんがほしがります。需要が大きいわけです。「もっと高くてもほしい！」と考えているため、結果的に値段が相場よりも高くなります。

反対に、メリットが低いものは、「もっと安くないと買わない」と思われてしまい、安くなっているのです。

しかし、いくらメリットが高くても、えんぴつが10万円を超えることはまずありません。反対に、いくらメリットが低くても、マンションが1万円より安くなることも考えられません。

いくらおいしくても、缶コーヒーが1000円だったら「ぼったくり！（妥当じゃない)」と感じてしまいます。しかし一方で、1000円のコース料理がどんなにマズくても「ぼったくり!」とは思わないのです。

それは、原材料も合わせて、その商品を作り上げるのに必要な労力が「値段の基準」を作っているからです。「この種のものは、だいたいこれくらいの値段だよな」という相場を作っているからなのです。

そしてその相場を基準にして、値段が決まります。

値段の相場を決めているのは、メリットではありません。〝労力の積み上げ〟なんです。

相場を作るのはあくまでも「労力」、そしてその基準から値段を上下させるのが「メリット」なのです。ここは強調しても強調しすぎではありません。

メリットがあれば、お客さんは買ってくれるでしょう(逆に、まったくメリットがなければ、買いません)。しかし、「高値で」とは限りません。

お伝えしたように、商品の値段は「価値」が基準になって決まっているというのが経済の原則です。ですから、それを作るのに労力がかかっていない（大した労力がかからない）と思われるような商品は、高い値がつかないのです。

15年前に比べて、パソコンは圧倒的に安くなりました。それは決してパソコンのメリット（性能）が低下したわけではありません。むしろ性能は大幅に上がっています。技術革新によって安く製造できるようになった、労力がかからず製造できるようになったから安くなっているのです。

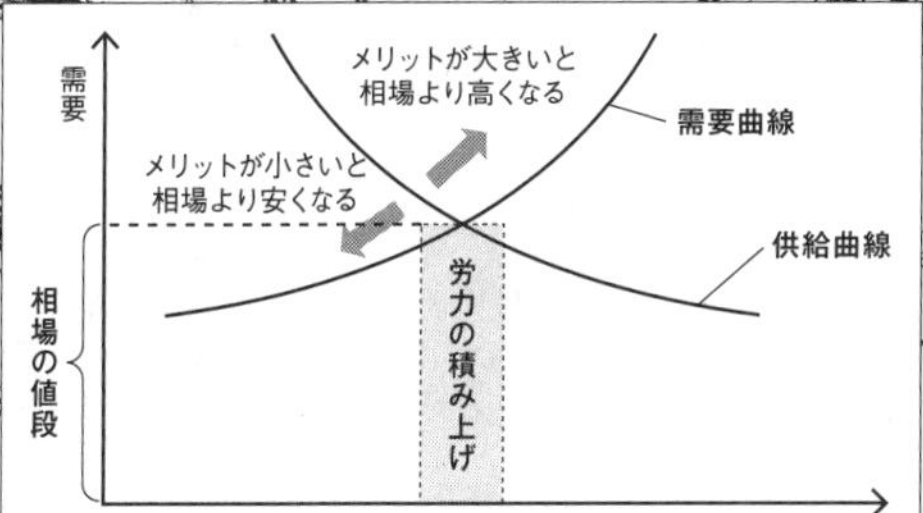

【価格の〝相場〟を決めるのが労力】

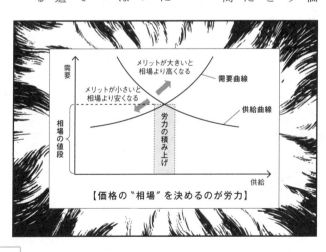

繰り返します。高値で買ってもらえないのは、メリットがないからではないのです。製造する労力が減ったからなのです。

給料、人材の評価も“積み上げ”で決まっている

そして、マルクスの『資本論』では、この話は一般の商品の値段だけではなく、**「労働力の値段」**にも当てはまるとしています。労働者としての値段、つまり私たちの給料も同じように決まっているのです。

現に、日本企業の多くは、給料を成果に応じて決めていません。営業成績が2倍でも、給料が2倍になることはありませんし、仕事量ではなく、年次・年齢によって大枠の給料が決まっている会社がほとんどです。

中央労働委員会が公表している統計データ（平成24年賃金事情等総合調査）でも同じ結果が示されています。給料の基本給のうち、「業績・成果」によって決まっている部分は、5・3％だけでした。よい業績を上げても、基本給に反映されているのは、たった5％程度なのです。

なぜか？

これは、**商品の値段が商品の価値で決まっているのとまったく同じように、給料が「労働力の価値」で決まっているから**なのです。

商品の価値は、その商品を作る原材料の積み上げで決まっていました。言い換えると、その商品ができあがるのにどのくらいのものが必要か、で値段が決まっているのです。

給料も一緒です。給料は、「労働力というあなたが働ける状態になるために、どのくらいのものが必要か」で決まっているのです。

つまり明日、あなたが元気に仕事をするために、必要なものを給料で支払いましょう、という考え方なのです。

明日働くためには、食費が必要です。だからそのお金を給料として払いましょう。明日働くためには、住宅や服も必要です。だからそのお金を給料として払いましょう。

家族がいる人は、家族を養うお金が必要です。養育費が必要です。だからそのお金を給料として払いましょう。

そして、一般的に、年齢が高いほうが扶養家族が増え、養育費が増えていきます。こうして年功序列・右肩上がり賃金ができあがったというわけです。

そしてさらに重要なことは、**この「明日働くために必要なもの」の中に、知識・経験習得費が含まれているということです。**

みなさんが働くためには、知識・経験が必要不可欠ですね。これも「明日働くために必要なもの（まっさらな〝ゼロ〟の状態から、その仕事をできるようになるために必要なもの）」にカウントされているのです。弁護士や医者になるためには、膨大な勉強時間とコストがかかります。それが考慮されているわけです。だから、弁護士や医者の報酬は「高くて当然」と感じるのです。

同じように、資格手当を支給する企業もあります。それも「その資格をとるのに労力がかかっただろうから、それを考慮します」ということです。

給料も、一般の商品と同じように値段が決まっているのです。

これは、使う人のメリットを考えなくてもいいということではありません。一般の商品と一緒で、労働力を使う人（つまり、みなさんを雇う企業）に、メリットを感じてもらえなければいけません。優秀でなければ、選んでもらえません。企業にメリットを発揮できない労働者は、雇ってもらえません。優秀であることは必要不可欠です。

でも、選んでもらえる（雇ってもらえる）ということと、高い給料が支払われるということは別です。**給料を決めているのは、あくまで「労働力の価値」なのです。**

だとしたら、カイジたちが高い給料で雇ってもらえない、つまり高い評価を得られないのも当然です。なぜなら彼らは積み上げてこなかったからです。

さまざまな学習をし、知識と知恵を得て、自分の価値を積み上げているから高い評価を得られるのです。ただ単に、その場その場で力を発揮すればいいのではありません。積み上げていない人が、仮に単発でよい成果を出しても、認めてもらえません。少しは褒めてもらえるでしょうが、1回成果を出しただけで、高い評価を得られるわけではないんです。

また、カイジが利根川とEカードで戦った時、利根川は「積み上げてきたんだ……！」「クズとは違うっ……！」と言っています。

カイジは、エスポワール号の限定じゃんけんを奇跡的に切り抜けました。ここでの勝負には勝ちました。しかし、その後も相変わらず世間から評価されず、コンビニのアルバイトに戻っています。なぜ評価されないかというと、この〝積み上げ〟が圧倒的に足りないからです。

資本主義経済では、メリットではなく、〝積み上げ〟が評価されて、〝積み上げ〟に対してお金が支払われています。それを無視して、「要は結果だけ出せばいいいん

資本主義社会の中で、積み上げることがどれだけ重要か。それをこれほどまでに明確に指摘している漫画は他にないだろう。

だろ?」と言っても、認めてもらえないのです。

「圧倒的な積み上げ」か、「独自の積み上げ」か

現在の日本経済では、積み上げに応じて給料が決まるということがおわかりいただけたのではないでしょうか。

給料を上げるには、この積み上げが絶対に必要です。とはいえ、なんでもいいから積み上げればいいのかというと、そうではありません。積み上げ方によって、評価も変わるのです。

資本主義とは、「差」から利益を稼ぐシステムです。「差」がなければ、選んでもらえません。「差」がなければ利益が生まれません。

古くは大航海時代、ヨーロッパの列強各国は、地理的な差を求めて、アジアに進出しました。アジアでは豊富に存在し、価値がなかったものでも、ヨーロッパには存在していないので、高価な値がつく。この差から利益を得ました。

産業革命時代は、労働者から搾取することで製造原価を抑え、売価との差で利益

を出していました。

日本でも同じように、「差」を生み出すことで会社は利益を上げて発展して来ました。それが、高度成長時代を経て、社会が発展し、同時に労働環境が整備されると、単に「安く作って、高く売る」ことが難しくなりました。

今度は商品同士の差でしか、利益を稼げなくなりました。つまり、商品の差別化で稼ぐしかなくなったのです。

これも差と言えば差です。しかし、最初のヨーロッパ⇔アジアの「差」と比べたら、かなり小さいです。


そして現在、この差は、どんどん小さく、どんどん微妙になっています。商品の差別化をしようとしても、結局たいして変わらない商品しか作れません。作り手は「画期的な新商品」といいますが、消費者から見ればほとんど変わらない。

となれば、「よくある商品」「他でも買える商品」と思われてしまいます。

だからといって、差を追求することをやめることはできません。資本主義とは、差があるから認めてもらえる世の中だからです。差を縮めることはできないのです。

この資本主義の原理原則は、個人の評価に置き換えて考えることもできます。より高い評価を得られるのは、他人を寄せつけないほどの**「圧倒的な積み上げ」**、もしくは他人とは違う**「独自路線の積み上げ」**です。

この2つが他者との差を生み出すからです。

周囲と同じジャンルを手掛けていても、圧倒的であれば評価が高まります。みんな野球をやっています。将棋をやっている人もたくさんいます。しかしその中で圧倒的に積み上げ、圧倒的な存在になったため、イチロー選手や羽生《はぶ》善治氏はすごい評価を得ているのです。

ただし、ここに到達できる人材は限られています。「イチローみたいに圧倒的になりなさい」というだけのアドバイスはあまりに無責任です。私たち一般人は、**「他人とは違う独自路線の積み上げ」**を視野に入れるべきです。

しかし、冷静になって周りを見てみると、多くの人が、周りと同じように行動しています。周りと同じように勉強し、自分がそれが好きだからというのではなく、周りがそうしているからという理由で、大学に通い、周りと同じようにリクルートスーツを着て、大企業を目指して就職活動をします。

周りと同じことで安心する、という気持ちはわかります。そして、たしかにそれでも、相応の評価はしてもらえます。受験競争を勝ち抜いて〝一流大学〟に入り、就職活動で必死にがんばって〝一流企業〟に入れば、それなりの給料がもらえます。

しかしそれは、自ら差がないところに入り込んでいることであり、自らを「利益を生まない場所」に追いやっているだけなのです。

裏カジノのオーナー・一条が、かつての同級生に自分の勤務先がカジノであることを伝えた時にバカにされました。同級生はみんな一流企業に就職が内定していたのです。でも、結果的に一条のほうが圧倒的に高い給料や評価を得ていたはずです（少なくとも、カイジに負けるまでは）。

資本主義は差を評価し、差から利益を稼ぎ出すモデルです。他人と同じでは、〝それなり〟の評価しか得られません。みんなと同じことをやっていれば安心です。しかしそれでは、〝それなり〟にしかなりません。

他人と違う戦略を選ぶのが怖ければ、同じ戦略で圧倒的な積み上げをするしかありません。「独自路線の積み上げ」か「圧倒的な積み上げ」か。どちらかを選ばなければ、高い評価をしてもらえないのです。

“必要なスキル”を決めるのは時代環境

望む結果を得ようとして、一生懸命に自分磨きをしている人は多いです。しかしそのうちの大半の人が、大事なことを見落としています。

それは、**結果を決めるのは、自分の能力や自分が考える戦略だけではない**、ということです。もうひとつ、自分の外にある**外的要素**も結果を決める重要な要素のひとつなのです。

物事の結果は、

・**内的要素（個人の能力、やる気、意識など）**
・**外的要素（環境、景気、世間の空気など）**

の両者で決まります。

ちょうど車の両輪と一緒で、どちらか片方だけ充実していても、望む結果にはたどり着きません。

個人の能力だけ磨けば、望む結果が得られると思っている人が多いですが、それを充実させても、できることには限りがあります。それに加えて、外的要素にも目を向けなければいけません。つまり、**その時の環境や景気、空気、流れに沿った行動をしなければいけないということです。**

たとえば、インターネットがアナログ回線しかなかった時代、YouTubeは、いいビジネスモデルにはなりえませんでした。20年前に、GREEやモバゲーは絶対に生まれません。いくら優秀な起業家が手掛けても、高利益のビジネスでも、外的要素がマッチしていなければ、結果が出ないのです。

逆に、これまでは絶好調だったビジネスでも、環境の変化によって一気に衰退します。世界一の写真フィルムメーカーだった、イーストマン・コダック社は、デジカメの普及により廃業に追い込まれました。ソニーやパナソニックなど、かつて日本のお家芸だったモノづくり企業も、新興国にて超低コストで生産できるようになってからは、かなりの苦戦を強いられています。

これらの会社の能力が低下したわけではありませんし、もちろん社員が怠けているわけでもありません。個人として、組織としての能力が変わらないのに、外的要素が変化したことで、結果が変わってしまったのです。

これは会社のビジネスだけでなく、個人の働き方・生き方も同様です。

「就職に有利になるように」といって、資格試験の勉強に励んでいる人を見ると、違和感を覚えます。ただ、その違和感の正体を明確に説明できる人は案外少ないでしょう。でも、この「内的要素」と「外的要素」の関係で考えると、すっきり理解できます。

就職のために「とりあえず資格」と言っている人に違和感を覚えるのは、「外的要素（世の中）」が変わっているのにもかかわらず、**いつまでも以前の成功パターンに沿って行動しようとしているからです。**

かつて、資格をとれば就職に有利、ビジネスに有利という時代がありました。そのため、多くの人が自己投資をし、自分の時間とお金を使って資格をとりました。これで「内的要素」が充実したわけです。たしかに以前は、資格をとれば就職・転職に有利とされていた時代もありました。企業からは資格手当も払われ、

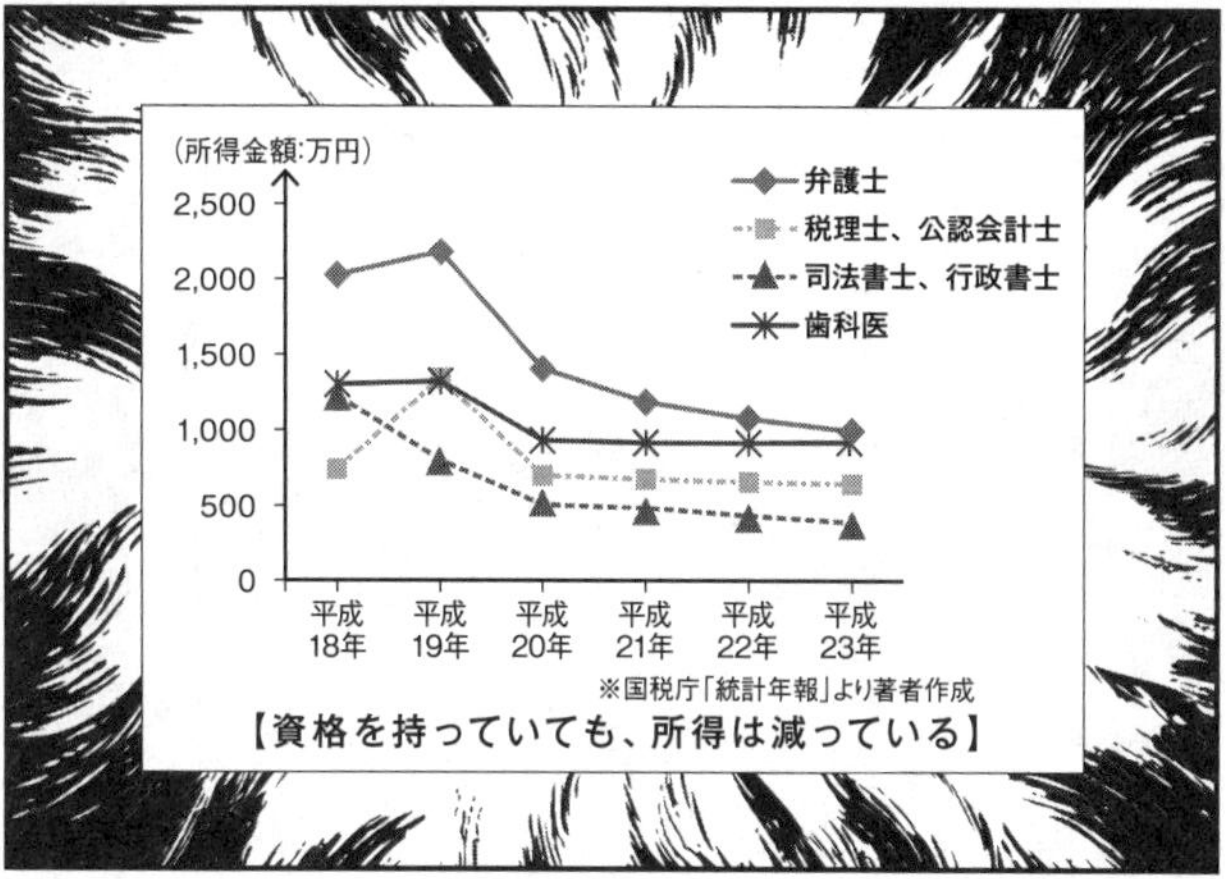

【資格を持っていても、所得は減っている】

資格を保有していることが労働者にとっての大きなメリットになっていたのです。

ただ、今では単に資格をとっても、なんの意味もありません。歯医者はコンビニよりも多いといわれています。もはや歯医者の「資格」を得ても、投資を回収できるとは言い切れません。また、弁護士も職にあぶれ、この5年間で平均所得が半分になっています。

もはや企業は、実際の利益に直結しない資格を評価することはなくなりました。MBA（経営学修士号）ですら、「だから何？」という企業も増えていると聞きます。環境が変化したのです。

その資格を持っている人の能力は変わりません。今も昔も、同じ資格を持っている人の（そのジャンルの）知識水準は同じです。内的要素は同じなのです。言ってみれば〝持っているカード（武器）〟は同じです。

でも、結果が変わります。

それは外的要素が変わったからです。ビジネスの環境が変わり、消費者がお金を払う対象が変わりました。また、企業が求める人材も変わってしまったため、資格を持っているからといって雇ってもらえるわけではありません。

その弁護士・会計士の資格という〝カード〟は、かつては有効で、そのカードを出せば企業から認められました。しかし事情が変わり、カードは効力を失いました。

望む働き方・生き方をしたいのであれば、今自分が置かれている環境・世の中の流れをしっかり把握し、望む方向に進めるかどうか見定めなければいけません。

外的要素を自分の力で変えることは、ほぼ不可能です。「自分の力で世間の考えを変えてやる！」「オレが日本を好景気にする！」と意気込んでも、実際はなかなか難しいです。内的要素は、自分の努力で磨き、変えることができます。でも、外的要素は「見定める」ことしかできません。

そして、「流れが悪い」と判断したら、方向転換をするか、流れがよくなるまで待たなければいけません。流れが悪いのに、内的要素だけしか顧みず、「オレ／ワタシにはやる気があるから大丈夫」といって突っ込んでしまうと、不幸な結果が待っていることでしょう。

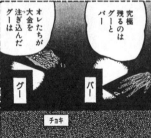

「じゃんけんカード」での戦い。カイジは「グー」のカードを買い占め、勝利を手にしたかに見えた。だがしかし「チョキ」の買い占めが行われたことで状況は一変。かつて有効だったカードは一転して足かせとなった。

そういう意味で、外的要素を適切に把握することは、個人にとっても非常に重要なのです。

物事の結果は、内的要素と外的要素の組み合わせで決まります。これまで有効だった能力や戦略が、環境が変わることで、逆に足かせになりえることを十分認識しなければいけません。

「こんな時代のせい」という大きな勘違い

逆に、外的要素（環境）が整っていても、結果が出るとは限りません。いくらいい環境が整っていても、個人のやる気や実力が足りなければ、結果は出ません。当たり前のことです。また、「それができる環境」でも、個人に〝そのつもり（やる気）〟や能力がなければ、結果が出るはずがありません。

「こんな時代に生まれたから、自分たちは何をやってもうまくいかない」

「バブル期の人たちはいいよなぁ」

「俺たちは運が悪い」

残念ながらこの発言は、勘違いがはなはだしいです。どのへんが勘違いかというと、「時代さえ変われば、自分たちは成功していたはず」と思っているところです。

お伝えしたように、結果は、「内的要素」と「外的要素」の組み合わせで決まります。

「こんな時代」という外的要素だけで決まるわけではありません。

たしかに、バブル期の話を聞くと、就職が簡単だったとか、学生でも当たり前のように月に何十万円も稼げた、とか〝バブリー〟な要素が数多いです。バブル期の学生と今の学生では、就職活動の難易度が圧倒的に違うでしょうし、ビジネス環境もかなり違います。

しかしだからといって、外的要素だけ変われば、物事がすべてうまくいくと考えるのは楽観的を通り越して勘違いと言わざるを得ません。

各時代で、その場を支配していた外的要素があります。その要素にはいい面、悪い面があります。たとえば、景気がよく、就職に困らなかった高度成長期、会社は週休1日でした。土曜日も普通に仕事があり、休みは日曜日しかなかったのです。今だったら「ブラック企業!」と叩《たた》かれるような状態が当たり前だったのです。みなさんは、その環境に耐えられますか?

また、当時は今よりも〝決まり切ったレール〟がありました。転職や女性の総合職などへの理解は著しく低く、〝職業選択の自由〟も実質的にはかなり制限されていました。

また、今でこそインターネット環境が整い、シェアオフィスや、独立起業した人・フリーランスが外注できるようなサービスも充実してきました。30年前の日本では自分でやりたいことがあっても、それを実現できる環境は整っていなかったのです。

それでも、「こんな時代に生まれたオレたちは運が悪い」と言いますか?

物事の結果は、内的要素と外的要素の両方で決まります。しかし、**内的要素が充実している人は、外的要素を見極め、自分が望んでいることをするためにはどうすればいいか、与えられた外的要素の中で、どう振る舞っていけばいいかを判断して進めていきます。**

いつの時代でも、与えられる外的要素にはいい面、悪い面があります。他の時代の「いい面」ばかりを見て愚痴を言っていても始まりません。与えられた要素を自分なりにうまく活用していかなければいけないのです。

ブラック企業は、ブラック消費者が作り出す

経済学では、世の中を「相互依存」として捉えています。たとえば企業と労働者は「相互依存関係」にあります。

表面的に見ると、企業のほうが労働者よりも立場が強く、労働者が一方的に企業に依存しているように見えます。労働者は企業から給料をもらえなければ生きていけません。そのため、企業に依存し、企業の命令を聞き入れています。そう考えると、労働者だけが企業に依存しているように感じます。

しかしそうではありません。

前に説明したように、労働者は、同時に「消費者」でもあります。そして、消費者は企業が売り出した商品を買います。消費者が企業の商品を買わなければ、企業は生きていけません。**つまり、企業は消費者に依存し、消費者の「命令（希望）」に必死に従っているのです。企業も消費者（＝労働者）に依存しているのです。**

少し前から、「ブラック企業」が社会的問題になっています。労働者を限界ギリギリまで働かせ（なかには限界以上に働かせ）、働けなくなったら切り捨てるという、まさに血も涙もない企業です。

ただし、私たちはこの問題を「その企業の経営者が悪い」「企業特有の問題」として捉えていいのでしょうか。

パワハラやセクハラなど、ビジネスの本質とは関係なく相手を精神的に追い詰める犯罪は別として、労働者を過酷な条件で働かせている企業は、消費者のニーズに応えようとしてそうせざるを得ないケースがあるのです。

衣料品チェーン「ファッションセンターしまむら」の店員に土下座させ、その姿（写真）をツイッター上で公開した女性がいました。土下座させた理由は、「買ったタオルケットに穴が開いていたから」。ネットで大きな批判が起こったため、この女性はすぐにツイッターアカウントを削除したようですが、まだアップした土下座写真が残っています。

たしかに、店舗で商品管理が悪ければ、いい気分はしません。もし買った洋服が汚れていたり、糸がほつれていたら、取り替えてもらうべきかもしれません。

しかし、「その程度のこと」です。相手に土下座を要求するようなことではありません。結局この客の女性は、強要罪で逮捕されています。

「金を払っているのはこっちだ！」

と言う人もいます。

でも、そのお金であなたは商品を受け取りました。それで等価交換です。それ以上を要求することはできません。仮にサービスが悪くても、店が「必ずよいサービスを提供します」と約束していない限りは、文句は言えても、保証はしてもらえません。本来は。

しかし、なかには「対応」してしまう企業があるのです。

「もっと安くしろ！」

「絶対に遅れるな！」

「こっちは客だぞ！　もっとサービスを良くしろ！」

そう言われた企業は、「はい、お客様は神様です。お客様のご要望にお応えできるようがんばります」といいます。そして従業員に対して、

「もっと効率的に生産しろ！　お客様に早く届けろ！」

「絶対に納期に遅れるな！　早くしろ！」

「もっと顧客満足度を上げろ！　お客様をなんだと思ってるんだ！」

「商品の値段が高くなってしまうので、おまえたちの給料は上げない！」

となるのです。

すべてのブラック企業が消費者のせいで生まれたわけではありません。なかには、経営者の利益のために、従業員を奴隷のように扱っている企業もあります。

しかしながら、ブラック消費者は、企業がブラック化するのを確実に助長しています。もしくは企業のブラック担当者（これも企業にとっては「お客様」ですね）が、下請け企業のブラック化に一役買っていることは、否めないでしょう。

「情けは人のためならず」ということわざがあります。これは、「情けをかけると、相手のためにならないから、厳しくしなければいけない」と誤解している人もいますが、そうではありません。「他人にかけた情けは、いずれ自分に戻ってくる」という意味です。そういう意味で「人のためならず（自分のためなり）」ということなのです。

そして、「やりすぎな要求」も同じです。自分が消費者としてお店や企業に過度な要求をします。その時は、満足できるかもしれません。**ですが、自分がブラック消費者になり、お店に「やりすぎな要求」をしたために、やがて自分自身も労働者として企業から「やりすぎな要求」をされることになります。**

有名アパレルメーカーや、有名居酒屋チェーンが、ブラック企業と揶揄《やゆ》されて世間から批判にさらされています。もちろん、問題があるところは、改善するべきですし、何より働いた結果、人が自殺に追い込まれるなどということがあってはなりません。

しかし、敢えて繰り返しますが、この問題を引き起こしたのは経営者の問題だけではないのです。居酒屋チェーンの社員が過労で亡くなったのは、「もっともっと安くしてほしい」「安くないと行かない」という消費者が大勢いたからではないでしょうか？

「コスパ（コストパフォーマンス）」を求める消費者も一緒です。本来は「値段に対して、内容がいいものを買いたい」という意味ですが、最近は少し違ってきている気もします。

「内容がいい、というのは当然として、とにかく安くしてほしい」というニュアンスに聞こえます。

もちろん、消費者としては、それも自然な発想でしょう。資本主義経済ですから、条件がいいところから買うのは当然のことです。

しかし、消費者が企業に「コスパ」を求めるのであれば、企業も仕入れる原材料や、そこで働く労働者に対して「コスパ」を求めざるを得ません。だから、下請け会社から買い叩き、従業員の給料を引き下げ、「コスパ」を追求するのです。

なんでこんなブラック企業が多いんだ、と感じる人は多いです。しかし、より安く、よりよいサービスを選ぶ自分自身の消費行動が巡り巡ってブラック企業を作っているということも考えてみてはいかがでしょうか。

従業員が劣悪な労働条件に加担している⁉

労働者を搾取するブラック企業は経営者や風土の責任と考えられることが多いです。しかし、企業がそういう態度に出られるのは、労働者が企業に過度に依存しているからではないでしょうか。

労働者とブラック企業の関係は、中世で考えれば、奴隷と皇帝の関係に置き換えられるかもしれません。カイジが利根川と勝負したEカードというギャンブルには、3枚のカードが登場します。「皇帝」「奴隷」「市民」の3枚です。そして帝愛グループのトップの兵藤会長は、これが現実社会の縮図であると言っています。

兵藤は言います。

「貧乏人は王にならんと金を求め……逆に現在《いま》いる『王』の存在をより盤石《ばんじゃく》にする」

皇帝が自然に皇帝になるわけではありません。周囲が皇帝の富と権力に憧れ、そのおこぼれにあずかろうとするがゆえに皇帝に従い、それによって皇帝は絶大な権力を握っていくのです。

これはブラック企業を作り出す構造に似ています。

兵藤が語った理屈をそのまま現代に当てはめると、皇帝として君臨するブラック

「Eカード」対決直前の1コマ。帝愛グループのトップに君臨する兵藤会長の帝王学を強烈に表している。王は、王の支配に甘んじるものたちがいて、はじめて王になる。

企業の経営者は、自然に皇帝になるわけではありません。その皇帝に依存する奴隷がいるからこそ、ますますその権力を強めて、ますます奴隷を虐げていく、ということになります。

従業員が持っているのは「おこぼれにあずかろう」ではありません。クビになりたくないので、なんとかその会社に居続けようという意識、つまり会社への依存です。

どんな劣悪な条件を提示されて、どんなパワハラを受けても、その会社に留まるしか道がない（と思っている）人は、その条件で働かざるを得ません。

会社への依存度が強くなればなるほど、企業はブラックになりやすくなり、経営者が「皇帝のように振る舞う土壌」ができあがるのです。

〝一生懸命な人〟がはまる「ホールドアップ問題」の罠

交渉の場においては、選択肢が多いほうが有利です。逆に、自分には他に選択肢がない場合、相手の条件を飲まざるを得ず、必然的に不利な立場に追いやられてしまいます。経済学でいう**「ホールドアップ問題」**もこのひとつです。

ホールドアップ問題とは、「〝実施された後に元に戻すのが難しく、しかも交渉相手の強さを増してしまうような投資〟に関して発生する問題」のことです。つまり、**状況が進めば進むほど、相手に従わざるを得なくなるような事態が発生してしまうのです。**

これは、主に、

・不完備契約（不確定な要素が残っている契約）で、
・かつ資産の特殊性がある状況

で発生します。

どういうことか、説明しましょう。

現実の取引では、完備契約（あらゆる不確定な要素を取り除いた契約）を結ぶことは、非常に難しいです。というより現実的には不可能です。「○○の場合は、××とする」といって、この世で起こることをすべて契約書に書ければ「完備契約」になります。しかしそれはまず不可能ですね。必ず、想定外のことがあります。そのため、ほとんどの契約書には「ここに書いていないことがあったら、お互いに相談する」という一文が書かれています。

契約が「不完備」になることは、ある意味当然で、これは仕方がないことです。しかし、ここで問題が起こります。

「お互いに相談」となった場合、お互い自分の利益を守ろうと自己主張します。それでも折り合いが付けばいいですが、そうでないケースがあります。

ここで「資産の特殊性がある状況」だと問題が起こるのです。

たとえば、AさんがBさんの肖像画を描く契約をしたとします。「契約書は大事！」と認識していたAさんは、仕事にかかる前に予《あらかじ》め契約書を取り交わしました。ところが、8割くらい完成したところで、Bさんが「髪型を変えたので、描きなおしてほしい」と言ってきました。

Bさんが髪型を変えた時の取り決めは契約書ではされていません。よって、話し合いになります。ですが、Aさんは納得いきません。「勝手に髪型を変えて、修正しろと言われても、受け入れられません！」と言いました。

ここでBさんが言いました。「では、契約を白紙に戻しますか？　どうぞ、ご自由に」と。

Aさんが描いたのは、Bさんの肖像画です。この絵をBさん以外に売ることはほぼ不可能です。となると、Aさんには、

・納得できないが、Bさんの言う通りに修正する
・納得できないので、この仕事をやめる（ただしその場合、これまで費やした時間や画材の費用はムダになる）

の選択肢しかありません。これがホールドアップ問題です。

案件が始まってから後戻りすることは難しく、しかも交渉相手（Bさん）の立場がどんどん有利になっていきます。

Aさんと Bさんとの契約に「髪型を変えた時には」「ひげを剃《そ》った時には」「メガネを変えた時には」など、すべての可能性を盛り込むことはできません。この契約の不完全性をついて、足元をみられたのです。

ポイントは、「じつはBさんもAさんにやめられると困るが、Aさんの足元をみて優位に立とうとしているだけ」ということです。Aさんが「ではやめます」と言って帰ってしまうと、Bさんはまた1から肖像画を描いてくれる人を探さなけれ

エスポワール号で、帝愛グループの黒服（社員）が乗客にゲームのルールを説明する。その中には、ゲームに使う資金を利率 1.5%、10 分複利で貸し付けるというものがあった。

ばならず、時間もかかります。Bさんも A さんに修正してもらったほうが、都合がいいのです。

しかし、Aさんが交渉上「無防備」なのを見て、ふっかけているわけです。

肖像画だけではありません。たとえば、会社のロゴマークデザインを依頼された時や、その会社にしか使えないシステムを開発する案件を受注した時など、依頼人以外に売ることができない案件は、同様の問題が起こり得ます。

また、従業員としても、この問題に直面している人（少なくとも自分でそう感じている人）は多いのではないでしょうか？

会社に依存しすぎる社員もこのホールドアップ問題に直面することがあります。

その会社の中で評価されるためには、その会社の業務を理解し、その会社の風土を知らなければいけません。その会社にどっぷり浸からない限りは、高い評価を得ることは難しいでしょう。しかし同時に、その会社で働きつづけるということは、「その会社でしか使えない知識、スキル」をたくさん身につけるということでもあります。

それは、みなさんの武器となり、その会社の中で生きていくための資産となるでしょう。しかし、もしみなさんが身につけるスキルや知識がその会社独特のものだけだったら、みなさんはホールドアップ問題にはまることになります。たとえば、人事管理や総務などの業務に就いている人は、「自分は他の会社では通用しない」と感じるケースもあるようです。

ここで会社から「その知識は他では使えないから、転職できないでしょ？」と思われてしまうと、まさに足元をみられてしまうのです。これまで「終身雇用」が前提でしたが、これからはそうも言っていられません。社員の解雇規制も緩くなり、「クビにしやすく」なっていくでしょう。また給料の引き下げも、より簡単になっていくと予想されます。

そんな時、もしみなさんが肖像画を描いていたAさんのような状態だったら？

その会社のことは知っているけど、その他の会社についてはまったく知らない。他の会社に評価してもらえるスキルも知識も持たないとしたら？

確実に足元をみられます。

その会社で一生懸命仕事をすることは大事なことです。しかし、その会社でしか使えない資産（スキルと知識）を蓄えていくと、かえってこのホールドアップ問題にはまってしまうのです。

では、このホールドアップ問題を避けるにはどうすればいいのでしょうか？

ホールドアップ問題が起こるのは、

- 不完備契約（不確定な要素が残っている契約）で、
- 資産の特殊性がある状況

でした。

ただ、先ほど説明したように、すべての可能性を契約に盛り込むことはできません。必ず「漏れ」があります。完備契約を結ぶことは実質的に不可能なのです。これはどうしようもありません。

対処すべきなのは、「資産の特殊性」のほうです。この問題は要するに、「相手は他に選択肢があるが、自分にはないから」起こるのです。自分には他に選択肢がない、だから相手に足元を見られてしまうのです。

この問題に対して、労働者ができる「対策」は何か？

それは、できるだけ自分の知識やスキルを一般化させることです。何かを習得したら、「他の会社で使えるように」を常に考えることです。そうすることで、みなさんは他の選択肢を持つことができ、足元を見られることがなくなります。

本来、会社も仕事に慣れたみなさんを理由なくクビにしたいとは思っていません。むしろ、みなさんが辞めてしまうと、新しく人を雇わなければならず、その人をまた1から育成・トレーニングしなければいけません。本来であれば、そんなことしたくないはずです。ただし、〝足元〟がみえてしまっているので、そこにつけ込んでいるのです。

相手に足元をみられないために、ふっかけられないために、自分も他の選択肢を用意しておく必要があります。そうやって、自分の身は自分で守らなければいけないのです。

第3章

強者に学ぶ、勝つべくして勝つ思考力

勝者には、共通する考え方がある

イチロー選手の言葉を紹介します。

「近道は、もちろんしたいです。簡単にできたら楽なんですけど、でもそんなことは、一流になるためには、もちろん不可能なことですよね。一番の近道は、遠回りをすることだっていう考えを、いまは心にもって、やってるんですよ。それが唯一の道なんじゃないかと、思えるようになったんですよ」（『イチロー89の言葉』児玉光雄著、三笠書房、２０１０年）

世の中のすべてが〝勝負〟ではありません。勝負でないところでは、勝つ必要もなければ、そもそも他人と比べる必要もないでしょう。

しかし逆に言えば、勝負の場面、自分にとって譲れない場面では、勝たなければいけません。「勝ったらいいな」ではありません。勝たなければいけないのです。

世の中には、利根川や黒崎、一条のように勝ちつづけてきた〝勝つ人〟と、45組の三好や前田のように、常に負けつづけてきた〝負ける人〟がいます（利根川と一条はカイジに敗《やぶ》れてしまいますが、それまでは圧倒的な勝つ人でした）。

勝敗を決めるポイントはなんなのでしょうか？　カイジが利根川や一条に勝ったのは、じつはこのポイントを押さえていたからなのです。

「ラッキーだったね」と言うな

結果を出した人に対して、「それはラッキーだったね」と言う人がいます。**こういう人は、一生結果が出せずに終わるのではないかと思います。**

というのは、その人は「その結果はたまたま」と言っているからです。つまり、それまでの準備、積み上げを考えていない、準備・積み上げをしなくても結果が出せると考えているからです。

もちろん、結果は運が大きな影響力を持ちます。つまり、ラッキーでなければ、結果が出せないのも事実です。

しかし、寝ているだけで運を引き寄せられるわけではありません。少し怪しい話に聞こえるかもしれませんが、運は自らの力で引き寄せなければいけないのです。

以前、ある方が「運（ラック）とは何か？」という話をしていました。

その方は、運（ラック）とは、「Learning Under Correct Knowledge」だと言っていました。日本語で言うと、**「正しい知識に基づいて学んでいること」**です。つまり、正しい準備をしてきた人に「運（ラック）」がやって来るということです。

これは、本来の解釈ではありません。しかし、運が「勝つ確率」「成果を残せる確率」だとすると、その確率を上げることができる唯一の方法は、正しい知識を学び、準備しておくことなのだと思います。その努力で摑《つか》むのが運だと思うのです。

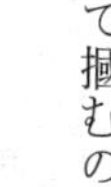

カイジは無計画に勝負に挑んでいるわけではない。「勝つべくして勝つ」という言葉通り、勝利への定石をひとつひとつ積み上げているのだ。

準備をしていない人は、目の前に舞い込んできたチャンスを活かすことができません。準備をしていなければ、実際は、目の前のチャンスに気づくことすらないかもしれません。

ビジネスでは、誰にでも「チャンス！」とわかるようなものは、ほぼ存在しません。そのビジネスを深く理解し、どこでどう利益を上げられるかがわかっている人にだけ、チャンスがチャンスだとわかるのです。

子どもに、掘り出し物の投資用物件を見せても、株価が底値の企業を紹介しても、「ぽかん」とするでしょう。意味がわかっていなければ、チャンスと判断することができないんです。

これは極端な例ですが、もう少し複雑な事例であれば、みなさんの周りにゴロゴロと転がっています。だから、同じ環境でも利益を出す会社とそうでない会社があり、稼げる人とそうでない人がいるのです。

「日本は不景気だから、チャンスがない」とぼやいている人が多くいます。しかしそれは「チャンスがない」のではなく、「チャンスに気づいていない」だけなのです。そして、チャンスに気づかないのは、「正しい知識に基づいて学んでいない」から、なのです。

自らが学び、知識を蓄えることで、初めていろんなチャンスがみえてくるということも知らなければいけません。

第2章でもお話ししたように、自分が他人からの評価を期待する時には、「結果がすべて」と考えるべきです。結果が出なければ高い評価を期待してはいけません。プロセスは関係ありません。

しかし、自分が他人をみる時には、結果だけにフォーカスしてはいけません。他人を「結果」でしかみていない人は、本質を見誤ります。

結果だけしかみえていないと、その結果がなぜ生まれたのかわからなくなります。そして「なぜオレは結果が出ずに、あいつは結果を出せたのか。あいつは、運が良かっただけだ」と結論づけることになります。妬むことも不毛ですが、それだけでなく、そう考えているうちは、自分の思考が止まり、努力が止まり、足が止まってしまうのです。

本当に運がいいだけの場合も万にひとつくらいはあるかもしれません。しかし、ほとんどの場合、「運がいい」のではありません。**結果が出るように積み上げているのです。**

その積み重ねが、「運」を引き寄せるのです。

教えてもらうには、お金がかかる

エスポワール号の中で、利根川に対して「ちゃんと説明しろ！」と主張した男がいました。この場面で利根川は次のように答えました。

「おまえたちは皆……　大きく見誤っている……

この世の実体がみえていない
まるで3歳か4歳の幼児のようにこの世を自分中心……
求めれば……　周りが右往左往して世話を焼いてくれる
そんなふうに　まだ考えてやがるんだ　臆面もなく……！
甘えを捨てろ　お前らの甘え……その最たるは
今　口々にがなりたてたその質問だ
質問すれば答えが返ってくるのが当たり前か……？
なぜそんなふうに考える……？
バカがっ……！」

これは、世の中の厳しさ、資本主義経済の本質を捉えた言葉です。家族や一部のコミュニティ内では、見返りを求めずに相手に何かをしてあげる、相手のためを思って教えてあげるということがあるでしょう。
しかし、社会に出たらそうとは限りません。

かつての大ヒット曲にありました。

「大人の階段昇る　君はまだシンデレラさ　幸福は誰かがきっと　運んでくれると信じてるね　少女だったと　いつの日か　想う時がくるのさ」
（『想い出がいっぱい』H2O　JASRAC出　1704834-701）

雰囲気はともかく、この歌詞の意味は、利根川のセリフとまったく同じです。

また、利根川が言うように、相手からの質問に答えるのは、自分のためであることが多いです。答えたほうが自分にメリットがあるから答える、答えるメリットがない時、答えることがデメリットになる時は答えないということが、よくあります。

逆に、都合が悪いことでも、ペラペラ話してしまうと、「失言が多い」と非難され、バカにされます。

2013年10月、「特定秘密保護法案」が閣議決定され、国会に提出されたことで大きな物議をかもしました。この法律は、「国が〝機密〟と定めた情報を、世間に漏洩《ろうえい》した者を罰することができる」という悪法だとして、世間から大きな非難を受けました。まさに利根川の考えを地でいっているような法律です。戦後まもなくまで、「治安維持法」で国民の言論を統制していた歴史が思い出され、メディアもこぞって取り上げました。しかし、この「特定秘密保護法案」は、2013年12月、スムーズに成立し、翌年から施行されています。

利根川が言うように、都合が悪いことは言わない、不都合なことを隠す。この法律が悪用されれば、そんな社会になってしまうかもしれません。しかし、当時騒がれたほどこの法律を気にしている人がいるでしょうか。施行されたことさえ知らない人も多いかもしれません。

そして、もうひとつ知らなければいけないことがあります。

それは**「教えてもらうにはお金がかかる」**ということです。

家庭でも、あるいは義務教育までは学校でも、質問すれば、無料で「答え」が返ってきます。しかし、ビジネスではそうはいきません。

実社会では「特に、都合が悪くないこと」であっても、無料では答えてくれません。よくツイッターやフェイスブックなどで、「質問したのに答えてもらえなかった」「無視された」と愚痴を言っている人を見かけます。「聞いているのだから、答えるのが当然」と考えているのでしょう。

「傷つけられた」「不当に奪われた」「理不尽なことをされた」ということで怒るのは理解できます。ですが、「お願いしたのに、○○をしてくれなかった」と怒る権利はあるのでしょうか？


考えてみてください。

なぜ、あなたの質問に答えなければいけないのでしょうか？

なぜ、貴重な時間を、あなたのために使わなければいけないのでしょうか？

なぜ、苦労して溜《た》めてきたノウハウをあなたに無料で放出しなければいけないのでしょうか？

現代では、教えてもらうことは有料です。情報は有料なのです。

何かを教えてもらおうとしたら、お金を払って講座を受講したり、書籍や雑誌を買って勉強しなければいけません。ビジネスで教えてもらう時にはコンサルティング料を払わなければいけません。

「知る権利」は確かにある。だが教えてくれるとは限らない。

一見、無料にみえるテレビやラジオの情報も有料です。実際にお金は払いませんが、CMをみる（聴く）という対価を払って情報を得ています（NHKには受信料を払っていますね）。

チップの習慣がない日本人は、形がないものにお金を払うことに慣れていないのかもしれません。情報はタダ、サービスは無料と考えがちなのです。しかし、それは間違いです。情報は有料です。お金を払わなければ教えてもらえないのです。

もちろん、タダで得られる情報もあります。しかしそれは、「その程度」の情報か、もしくは利根川が言うように、打算的に出された情報なのです。

Googleで検索して調べられることもたくさんありますが、本当に重要な情報はインターネットにはのりません。お金を払って教えてもらうか、聞きに行かなければいけないのです。教えてもらうのは有料。社会に出たら、頭を切り替えなければいけません。

教えてもらわなければ、もっと高くつく

ですが多くの人は、有料で情報を買うことをしません。情報を買うことに慣れていないためか、「情報を買うなんて……」と考え、無料の情報を当てにしたり、思い込みだけで行動したりしてしまいます。

その場合はもちろん、情報料はかかりません。そして、表面上は、それでもなんらかの行動ができてしまいます。

有料のアドバイスがなくても、投資をすることはできます。

有料のアドバイスがなくても、ビジネスをはじめることができます。

無料の情報だけで勉強することも、一応可能です。

そのため、「情報を買わなくても」と思ってしまいがちです。

しかし、実際は、結果的にかえって高くつくことが多いです。

スポーツを始めるのに、我流で練習してもなかなか上達しないのはおわかりだと

思います。プロに教えてもらえばすぐにうまくなることでも、コツがわからないので、うまくいかないのです。

生きている間ずっと、私たちは時間とお金を使っています。「なかなかうまくいかない」ということは、その間に費やした時間とお金を無駄にしているということなのです。「教えてもらわなければ、もっと高くつく」のです。

しかし困ったことに、お金を払う価値がない情報が有料で売られていることもよくあるのです。そういうものに騙された人もいらっしゃるでしょう。そういう人たちがお金で売っている情報を「怪しい」とか「怖い」と言います。

しかし、お金を払うことで本当に役に立つ情報が手に入るというのも事実で、そういう情報が無料であるということは、逆にありえないのです。お金を払わなければ、いい情報は得られません。**必要な情報をお金を惜しんで得なかったために、知っていたら避けられたはずのリスクを冒し、失敗をし、時間と情報料以上のお金を失うのです。**

お金を払わずに教えてもらおうとすること自体が論外、そしてさらに、お金を払わないことでより多くのお金を失いかねないことを認識しなければいけません。

「お金がかかるから、全部自分でやろう」という病

ビジネスや投資など、「攻め」の判断だけでなく、「守り」の判断にも同じことがいえます。困ったことが起きた時、どうやって解決しようとするかは、人生を大きく左右します。

「プロに相談しよう」

と思う人がいる一方で、

「お金がかかるから他人に相談するのはやめよう」

「自分でなんとかできるはず」

と考える人もいます。

たしかに、自分で簡単にできることであれば、わざわざお金を払ってプロに依頼するまでもありません。ですが、「困ったこと」ほどじつは、解決に時間やスキル

が必要だったりするのです。時間ばかり過ぎ、その時にできたはずの仕事ができなくなり、結果的にコストが高くつきます。「お金で解決できることは、お金で解決する」というのは、自分の時間を守るために、とても大事なことです。

自分で強烈なこだわりを持っているのであれば、もしくは、それを解決するプロセス自体を楽しんでいるのなら、自分でやってもいいと思います。でもそうでなければ、いさぎよくプロに任せるべきです。

子どもと一緒に壊れたおもちゃを修理するのは、楽しい経験かもしれません。家の掃除をすることで、気分がすっきりして達成感を味わえるのであれば、それも自分でやってもいいでしょう。

ですが、単に「プロに頼むとお金がかかるから、自分でやろう」と考えると、かえって高くつきます。

ただし、これも「言うは易《やす》し」です。普通に過ごしていると、「お金がかかるから自分でなんとかしよう」という病にかかってしまい、他人に依頼しなくなります。

だから、**かなり意識的に「プロに相談しよう」と考えないといけないのです。**

プロに相談することと、そうでないことの境界を自分で決めておくのです。自分の時間を大切にするために。**時間は有限です。**自分がやりたいことをやるためには、自分の時間を確保し、自分にとって重要でない仕事は、人に任せるという考え方が本当に大事なのです。

あなたの動きを止める「解放感」

みなさんが、何か一つ面倒な仕事を終えたとしましょう。「終わった」という解放感と充実感を感じているかもしれません。そこで多くの人はこう思います。「がんばった！　今日はもう終わり～」と。

この瞬間にあなたの歩みは止まります。

本当に重要な仕事が終わったのなら、一息ついてもいいでしょう。ですが、単に「面倒で時間がかかる仕事を終えただけ」で「今日はがんばったから、もういいや」と考えてしまう人が多くいます。

・これからやるべき仕事をリストアップする
・クライアントの担当者にご挨拶の手紙を出す
・ぐちゃぐちゃになっていたデスクを片付ける

これらの仕事が終わったところで、**じつは1円も稼げていません。**つまり「仕事」はしていないのです。でも、妙に達成感があり、そこで「今日は終わり」とやめてしまいます。

心理学では、人は何か嫌いなもの苦手なものを行った後は、「ご褒美として、甘えてもいい」と感じるようになることが知られています。

ここまでがんばったんだから、少しくらいサボってもいいよね、という感覚です。自分自身を振り返っても、そう考えてサボったことがありますし、そう感じる人の気持ちは痛いほど理解できます。

しかし、ここでやめてしまったら、〝ゼロ〟なのです。結局その日は前に進まなかったということになります。せっかくそこまでがんばったのですから、やめてしまったらもったいないです。せっかく、嫌な仕事、面倒な仕事を片付けたのなら、その勢いで「もうひと踏ん張り！」と考えることが違いを生み出します。

大きな仕事を達成した後も、「これで一段落」と考えず、「でもせっかくだから、あと1ミリ前に進もう」と考えることが、長い目で見て圧倒的な差を生み出します。

「あと1ミリだけ！」という気持ちがあれば、実際に動き出せば1センチ、10センチ、1メートルと進んでいくものです。

その結果、大きな差がつきます。**最後に「あと1ミリ！」と考えるかどうかで、大きく結果が変わり、他人との大きな差になるのです。**

カイジは「次の勝負」のことをすぐに考える。一つ勝っても動きを止めない。「勝ったら前へ……！」の精神には学ぶところが大きい。

今日はがんばった！　と思いたい気持ちはわかります。ですが、そんな時こそ、**「勝ったら前へ」**です。がんばったついでに、もうひとがんばりすれば、もう一歩、もう二歩、前に進めます。見た目は小さな一歩でもいつか他人と大きな差をつけ、やがては自分を圧倒的な存在にしてくれるのです。

苦手な仕事で〝安心領域〟を広げる

私は、２００９年の10月に、サラリーマンを辞め、独立しました。今は本を執筆しながら、自分で出版社を経営しています。また、講演やメディアに呼んでいただく機会も増えました。

講演を聞いてくれた方から、よく「木暮さんは、好きなことだけやって生活できるからいいですね」と言われます。決して、嫌味でおっしゃっているのではなく、純粋に「嫌いなことをしなくていいのは羨ましい」と思っておられるのだと思います（少なくとも、私はそう受け取っています）。

ただ、このご指摘は半分間違っています。

というのは、私は「好きなこと・得意なこと・ストレスがないこと」だけをやっているわけではないからです。やりたくない仕事、ストレスで逃げ出したくなるような仕事も受けています。**ただし、意図的に。**

「好きな仕事」「ストレスがない仕事」は、やっていて、まったく苦になりません。もちろん、仕事なので緊張感はあります。ですが、仕事が終わっても「嫌な疲れ」が残ることはありません。それどころか次の仕事が楽しみになるくらい、充実感と高揚感を持って仕事を終えることがほとんどです。

私は、そういう類の仕事を**〝安心領域〟**と呼んでいます。つまり、「今の自分」で、普通に「安心しながら」できてしまう、身の丈サイズの仕事です。

身の丈サイズの仕事は、ストレスも不安もなく、「これまでやってきたことだから、大丈夫」と自信を持って臨めます。一般的に「好きなことをして仕事をしたい」と憧れている人は、こういう状態をイメージしているのでしょう。

しかし、その仕事を何回繰り返しても、自分が大きく成長することはないでしょう。それはつまり、自分の〝安心領域〟がいつまでたっても変わらないということです。

バーベルを持ち上げる時は、**「もう限界！」と感じてからの3回で筋肉がつく**と言われます。身の丈を超えてから必死にがんばることで、成長していけるのです。

身の丈を大きくできる依頼は断らない

私は独立してしばらくたった時、ある企業から新入社員研修の仕事を依頼されました。研修講師としての仕事です。

それまで、人前で話す機会はありましたが、仕事として、しかも丸一日話すのはこれが初めてでした。当時、「これからは本の執筆と出版社経営で生きていこう」と考えていましたので、自分にとっては想定外の依頼でした。

ですが私にとっては、これこそ身の丈を超えている仕事で、自分を大きくする機会だと感じ、その仕事をお受けしました。

ただ、実際に研修の日が来るまでは、毎日本当に憂鬱でした。「なんで引き受けちゃったんだろう」「この話、なくならないかな……」と考えた日もありました。ですが、そんな憂鬱な気分を乗り越えて、当日を迎えました。少し、時間配分を間違えてしまったものの、問題なく研修を終えることができました。

そして思ったのが、「やってみたら、案外できるかも」ということでした。

この新入社員研修の仕事を受けたことが、その後の私の身の丈を大きくしました。今では、講演や研修、メディアで話すことはまったく苦になりません。かつてストレスフルだった仕事は、もはや私の〝安心領域〟になっているのです。

当時、「ストレスを感じる仕事はやらない」と研修の仕事を断っていたら、今でも同じように断っているでしょう。そして、自分が得意なこと、すでにできることしかやらず、小さい領域に留《とど》まっていたでしょう。

「得意なこと、好きなことだけをやって生きていきたい」とよく言われます。ストレスを感じずにお金がもらえたらどんなにいいだろうと人は考えます。

しかし、最初からその仕事を「得意」と感じている人なんていません。最初は、不安で不安で不安でたまりません。強いストレスも感じるはずです。しかし、それを乗り越えた結果、不安がなくなり、ストレスが減っていくのです。そしてやがては〝安心領域〟になっていくのです。その人が「得意なことだけをやって生活できている」のは、そうやって安心領域を作ってきたからです。

不安を感じる仕事、ストレスを抱える仕事から逃げていれば、当然、安心領域も広がりません。不安とストレスなく生きるためには、不安とストレスを避けるのではなく、不安とストレスを感じなくなるまで、その仕事をすることが大事なのです。というより、それしかないのです。

“安心領域”は、どんどん溶けて小さくなる

以前、幻冬舎の見城社長と、サイバーエージェントの藤田社長が書いた『憂鬱でなければ、仕事じゃない』（講談社）を読んで、まさにその通りだと感じました。

見城社長は、朝起きて、スケジュールに「憂鬱なこと」が3つ以上ないと、不安になるとおっしゃっています。

「憂鬱でないこと」は、安心領域です。それは既にマスターした仕事で、比較的簡単にできるでしょう。

ただし、資本主義経済では、常に新しいライバルが現れ、常に新しい商品が生まれます。自分が画期的な商品を生み出して、儲《もう》けを出せたとしても、すぐにそれはマネされ、自分の利益は減っていきます。つまり、その商品、そのビジネス自体が、どんどん小さくなっていき、どんどん仕事にならなくなっていくということです。

仕事に慣れ、安心領域にできたとしても、その安心領域自体が、小さくなっていきます。せっかく、新しい「安心」を手に入れても、手に入れた瞬間からどんどん小さくなっていく。ちょうどお湯の中に氷を入れるようなものです。

そうなると逆に今度は「安心領域が小さくなっていく不安」に悩むようになります。このままでは安心領域がなくなってしまう、どうしよう……という不安が膨らんでいくのです。

それに打ち勝つ方法は一つしかありません。常に安心領域を拡大していくことです。言い方を換えると、**常に不安とストレスを感じる仕事にチャレンジし、克服していくことです。**

ビジネスにおいて、「停滞は退化」と言われます。自分では現状維持をしているつもりでも、周りがどんどん前進しているので、相対的に後退しているわけです。

「がんばりつづけるはめになるなら、最初から参加しなければいい」と考えるかもしれません。しかしそれは、「人間はいつか死ぬ。だったら、今日死んでも同じだから、死んじゃおう」と考えるのと一緒です。この社会で勝ち、評価されるためには、積み上げつづけなければいけません。安心領域を築きつづけなければいけません。そうでなければ、圧倒的に遅れを取ることになります。

また、「まだ困っていないから、いいよ」と考える人もいます。

全然よくありません。実際に困ってから新しいチャレンジをするのと、まだ余裕があるうちに仕掛けるのとでは、どっちが精神的に楽だと思いますか？　当然「余裕があるうち」ですね。

追い詰められてからの勝負は本当につらいです。「これがダメだったら、もう後がない」と感じた瞬間、身体がこわばって冷静な判断ができなくなります。

まだ必死になる必要がない、という時期から準備しておくことが大切なのです。

なぜカイジはあれほどまでに勝負強いのか？ その秘密の一つは、勝負を仕掛ける時を見極められる能力である。絶体絶命の時には勝負に出ない。天性の勘で自分の余力を見極めているのだ。

勝つか負けるかギリギリの勝負に挑め

安心領域を作るために、常に〝将来のメシの種〟を探さなければいけません。時間とお金をかけて新たに学び、新たにチャレンジしないといけないのです。

そういうと、必ず「それでうまくいかなかったらどうするんですか？」と聞く人がいます。私の答えはひとつ、**「それは、しょうがない」**です。

本書の冒頭でも申し上げましたが、資本主義経済では、そもそもすべてがギャンブルですから、「これだ！」と思って進んだ道でも、世間から評価されないこともあります。

最初から「はずす」つもりで道を選ぶのは愚かです。でも、必死に考えて、「これだ」と思って進んだ道に何もなかったら、それは仕方がないことです。

勝つことは大事。でも確実に勝つものなんてありません。うまくいく前提の時でしか勝負できず、確実に勝てるものにしか手を出せないとしたら、何もできません。なんにも始められないのです。

ここでポイントになるのは、**「期待値」**です。**「勝った時に得られるメリット×勝つ確率」**で計算するのが、この期待値です。この期待値が高い勝負であれば、仮に負けることがあってもトータルで大きなものを得られます。

はずすこともあるので、勝率10割とはいきません。ただ、簡単にはずしていいはずもありません。勝った時に手に入れられるものが大きければ、多少勝率が低くても、勝負する価値があります。反対に、手にできるものが小さければ、高確率で勝てるような道を選ばなければいけません。

要は、期待値なのです。

カイジが手を出したギャンブル、Eカード、チンチロ、沼はすべて期待値が高いものでした。

手に入れるものが大きければ、勝率5割で十分です。10割で勝とうとして、小さ

「勝率５割なら上等」というカイジを「ガキ」という遠藤だが、勝率５割を宝話ととるか、リスクととるか……。あなたはどちらだろうか。

な勝負ばかりしていたら、まったく先に進めません。

仕事では、打率3割を狙え

安心領域を出るということは、慣れていない、うまくできない、得意ではない仕事に手を出すということです。当然失敗をします。成果も出せないかもしれません。そこで多くの人が「やっぱりこれはうまくいかない、元の仕事のほうが効率がいい」と言って戻っていきます。たしかに短期的にみれば、もともとやっていた仕事のほうが効率よくできます。ストレスもなく、「簡単に」仕事をできるでしょう。しかしそれでは安心領域に留まることになります。未来永劫《えいごう》、その安心領域がつづけばいいのですが、そんなものは存在しません。

安心領域を出て失敗した時に考えるべきなのは、またもや「打率10割を達成できるはずがない」ということなのです。もともと野球でも3割打てば一流です。世界中の野球選手が10割打てないことを悩まないのと同じように、ビジネスの世界でも10割を狙うことがそもそも論外なのです。

Eカードで利根川を倒した後、カイジは兵藤会長にも勝負を挑みます。ここで兵藤に相手にされなかったカイジは「勝負で負けるのが恥ずかしいから、逃げるんだろう」と挑発しますが、兵藤からはかなり力が抜けた答えが返ってきます。

スポーツでも世界ランキングの順番通りに勝負が決まるわけではありません。相撲も横綱が常に勝つわけではありません。「長い目でみれば強い」のであって、１００戦１００勝である必要はないのです。

カイジは、「負けは恥でもなんでもない」という兵藤の言葉に困惑しますが、ビジネスの世界では、この兵藤の指摘が正しいのです。

もちろん、毎回勝てることが理想です。ですが実力が拮抗《きっこう》した相手との勝負であれば、一定の確率で負けることも覚悟しなければいけません。

つまり、10割勝たなければいけないとするならば、必ず勝てる相手としか勝負ができないことになり、必ず勝てる勝負しか挑めないことになるのです。

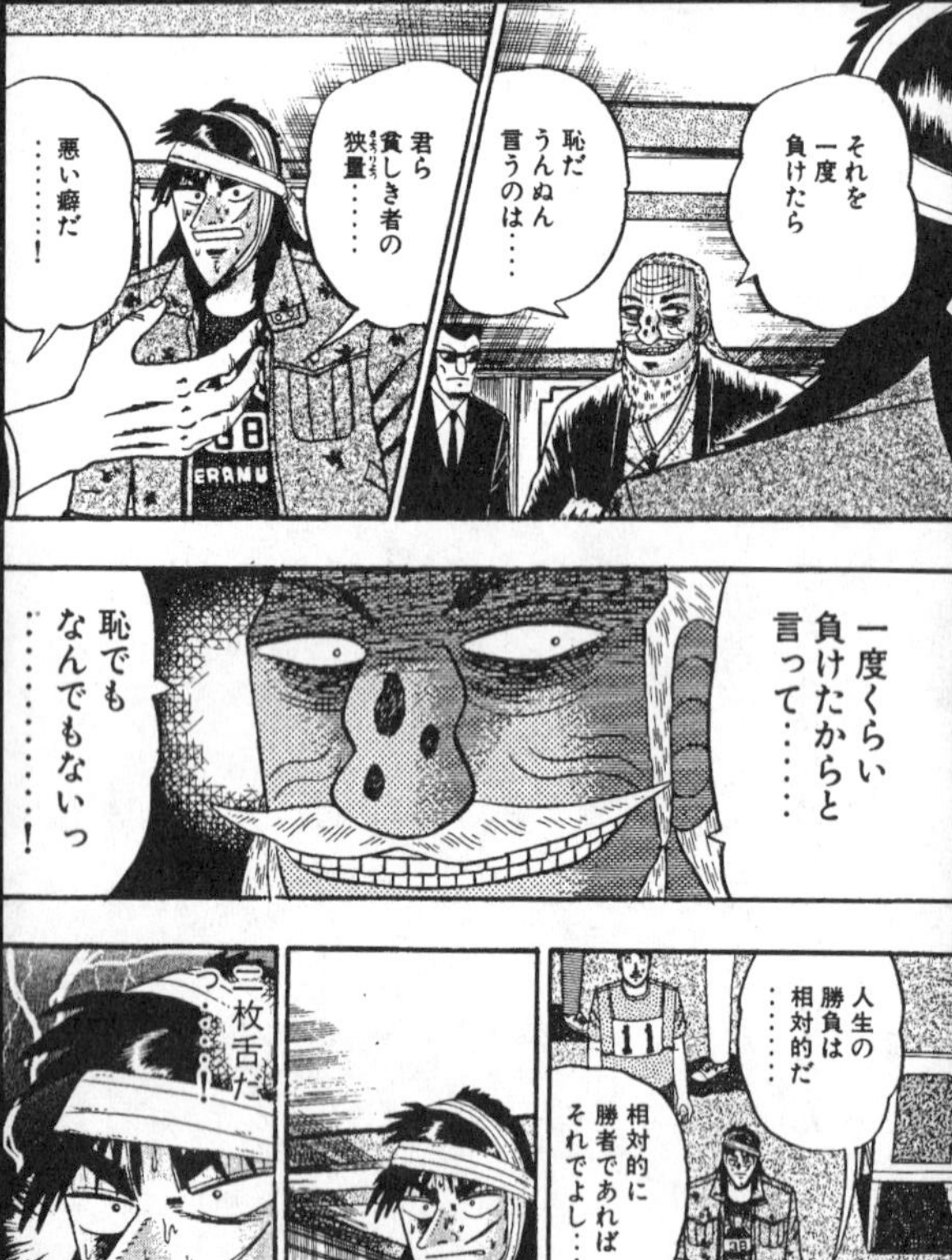

「負けは恥ではない」「人生の勝負は相対的に勝てばいい」と言う兵藤の言葉はもっとも。部下には一度の負けも許さないところは矛盾しているのだが……。

それは大人が幼稚園児と相撲をとるようなものです。かなりの確率で勝てますが、決して自分の実力は高まりません。自分は成長しません。

「勝つために必要なのは、相手を選ぶことだ」と言われることがあります。つまり、勝てる相手とだけ戦っていれば負けない、ということです。

それも一つの考え方ではありますが、この戦略をとれるのは、別の場所で自分を鍛え、常に自分を高めていっていることが前提になります。

今の自分で、勝てる相手とだけ勝負をしていたら、やがて時代の変化に取り残され、いずれは誰にも勝てなくなるでしょう。

10割勝つ必要はありません。時には勝てるかどうかわからないギリギリの勝負にチャレンジすることが必要です。

戦略的にタダ働きをせよ

労働者としては、働いたら働いた分だけ報酬をもらいたいと感じます。それは自然なことで、悪いとは思いません。

しかし、私はあえてこう言いたいと思います。

「報酬を受け取らずに、タダ働きすることこそが自分を高めていく」

これは給料をもらわずに働け、ということではありません。将来に必要であれば、たとえ報酬をもらえなかったとしても、やるべきということです。

報酬をもらえる仕事は、どちらかというと、自分のためではなく、依頼主（会社・クライアント）のために行うのが通常です。その仕事を通じて自分が成長できたり、自分がやりたいことができるようになったりすることもあるでしょう。そうであれば、非常に喜ばしいことですね。

しかし、多くの場合は、違います。**会社でみなさんが仕事を割り当てられているのは、みなさんを成長させるためではなく、会社にとってその仕事が必要だからです。**会社での仕事は、基本的には「他の誰かのための仕事」です。自分のためにならないことも多いのです。

かつては、就職した先の会社が長期間にわたってトレーニングをしてくれました。しかし状況は変わっています。これからの時代、自分がやりたいことをするには、それができるくらいの実力を自分でつける必要があります。

そのため、自分の実力を高めるチャンスがあればすかさず摑まなければいけません。ですが、その行動は、もちろん「自分のため」に行いますので、他人から報酬をもらえるとは限りません。というより、「まだ実力を高めていない自分」に報酬をくれる人は少ないでしょう。

でもそれをやらないと、やりたいことは永久にできるようになりません。

報酬をもらえないからといって、自分に必要な仕事をやらず、報酬を求めて「他人のため」に働いてばかりでは、一生「他人のための仕事」から抜けられません。

自分でやりたいことがあるのであれば、無報酬でもそこに自分の時間と労力を費やさなければいけません。

イチロー選手は、日本にいた時からメジャーのストライクゾーンを意識して打席に立っていたといいます。メジャーリーグのストライクゾーンは、日本よりも広いそうです。そのため、メジャーに行った時にすぐ対応できるように、日本にいる時から「メジャーのストライクゾーン」を意識して打席に立っていたというのです。

日本では「ボール」でも、メジャーでは「ストライク」に判断されるので、その球を打ちに行くわけです。ただ、この行為は日本のプロ野球で活躍するのにむしろマイナスになるでしょう。見逃していれば「ボール」なのに、それを打ちに行ってしまうので出塁率が下がるかもしれません。もちろん、誰も報酬をくれません。ただ、日本では報われなくても、自分のためになるのでイチロー選手は続けたのです。

女優の米倉涼子さんは、舞台『シカゴ』に出演することを夢見て日々ダンス、歌、英語の練習に励んでいたそうです。決まったオーディションの機会があるわけではありません。自分の練習風景を動画に撮影し、それをアメリカに送り続けました。もちろん、採用される保証はありません。それどころか、そのVTRを観《み》てくれているかも、わかりません。それでも1年以上にわたってVTRを送り続けたのです。その結果、ブロードウェイの本場の『シカゴ』で主役の座を射止めました。

米倉涼子さんが、「稽古も仕事のうちでしょ？　報酬がなければ、稽古なんてしない」と言っていたら『シカゴ』の舞台に立つチャンスは一生巡ってこなかったかもしれません。

学生の時、バイトの先輩が就職活動に悩み、愚痴をこぼしていました。その先輩が希望している職種は「経験者のみ応募可」だったようです。未経験者向けには、無給のインターンプログラムもあるようでしたが、その先輩は「タダで働くなんてありえなくない？」と言っていました。

仮に、この職がどこの企業でも「経験者のみ応募可」で、未経験者のインターンはすべて無給だったとしたら、この先輩は考えを変えない限り、一生この職には就けないことになります。

この先輩と同じように考えている人は、企業がなぜ従業員を雇うのか考えなければいけません。企業の目的は、（基本的には）「利益を稼ぐこと」です。「人を大切にする」という理念を掲げている会社や、人材育成に注力している会社はあります。しかし、この資本主義社会では、企業の基本的な目的は「利益追求」です。

そのため、企業が社員を雇うのは、利益を稼ぐためです。その従業員をトレーニングすることが目的ではないのです。となれば、即戦力・経験者を求めるのは、自然な発想です。

だから、自分のトレーニングは自分でしなければいけないのです。そしてそのトレーニングには、お金がかかります。会社は学校ではありません。黙っていれば、誰かが教えてくれるわけではないのです。

〝勝つ人〟はお金を払ってトレーニングを受け、その仕事ができる資格を手に入れています。医者や弁護士も長期間、多額のお金を払って学校に通い、ようやくその仕事をする権利が与えられるのです。

自分の将来のためであれば、タダで働いてもかまわない。むしろお金を払わずにトレーニングを受けられる、と喜んでもいいくらいのことなのです。

“高い仕事”を断れる人だけが勝ち残る

これも結果を出すために必要な考え方です。

書き間違いではありません。**「報酬が高い仕事を断れるか、反対に、報酬が安い仕事を受けられるか」**が大事な視点なのです。

つまり、こういうことです。

「報酬が高いが、自分のためにならない仕事、自分の将来に繋《つな》がらない仕事」を断ることができるか、一方で「報酬は安いが、自分のためになる仕事を受けられるか」ということです。

自分の将来に繋がる仕事をしたい、しなければいけないと考えている人は多いです。ですが、実際に仕事を選ぶ時には、「自分のためになるか」よりも、目先の給料（報酬）の額を重視してしまいます。

お金は大事です。お金もその仕事の価値を決める重要な指標のひとつです。ですが、お金だけを追いかけて、「いい働き方」ができるはずはありません。

前作で、「月々3万円、30年間貯金するといくらになる?」というシミュレーションをしました。月々3万円を貯金することは、それなりに買い物を我慢し、自分を律して、がんばらなければいけません。しかしその努力を30年ずっとつづけても、今のゼロ金利を前提にすると、結果的に30年で1080万円しか貯《た》まらないのです。

そのお金で、老後の不安を解消することはできません。

つまり、今日3万円高い報酬をもらっても、そのお金自体は将来に繫がらないのです。**だとしたら、今蓄えるべきものは、お金ではありません。「実力」です。**安心領域を広げ、いろいろな仕事で稼げる能力を身につけるべきです。

そのために「将来に繫がる仕事」であれば、たとえ安くても引き受けるべきですし、逆に、たとえ高報酬でも「将来に繋がらない仕事」であれば、断らなければいけません。そしてその時間とエネルギーを将来のために使うべきなのです。

〝意識の高い人〟の給料は、どんどん下がっていく

誤解を恐れずに言うと、多くの人が大学受験を終えると同時に、勉強することをやめてしまいます。「大学で勉強している」といっても、受験勉強なみにしている人はかなり少数派です。

また、大学を卒業してしまうと、本当に勉強をしなくなります。会社に入ってからは、仕事以外の知識を得たり経験をしたりする人がかなり少なくなります。会社内の研修や職場でのＯＪＴは行うものの、自ら自分を高めていくような勉強をすることはほとんどありません。

世間を見渡しても、本業に関連する勉強をしていた人は本当に少ないです。自分の仕事について「勉強をする」という視点があまりないせいか、会社から出ると、遊びのことしか頭になく、勉強をしません。

この勉強とは、いつ使うかわからない資産運用の勉強とか、英会話のことではありません。自分の本業に関わる勉強で、いわば **〝自主レン〟** のことです。

部活の自主レンで、違うスポーツをやる人はいません。野球部員が放課後にサッカーをやるのを〝自主レン〟とは言いません。それは単なる遊びであり、息抜きです。部活の練習時間以外に、自分で野球の練習をするのが自主レンです。

それと同じ意味での本業の勉強、トレーニングを、みなさんはどれだけしているでしょうか？

〝意識が高い人〟は、異業種交流会に積極的に顔を出し人脈を広げようとがんばっています。「オレは1週間に最低でも3冊ビジネス書を読むことを自分に課している」といって、自己成長に余念がありません。

ただ、そのような行為は、本当に自分を高める自主レンになっているのでしょうか？　それとも本業から逃げるために、息抜きとしてやっているのでしょうか？

評価に直結する〝自主レン〟を選べ

営業職の人が、もっと「うまく」なるために、自社商品や営業そのものの自主レンをどれだけしているでしょうか？　業務時間中に営業活動に取り組むのは当たり前です。それでは「人と同じ」「世間と同じ」で、現状維持をすることが精一杯でしょう。

企画職の人は、仕事の時間以外でどれだけ企画の勉強をしていますか？　アイディアを練るために発想力を鍛えたり、周囲を説得するためにプレゼンスキルを磨いたりなど、自分の仕事に直結する〝練習〟をしていますか？

ビジネス書を読んでも優秀なビジネスパーソンになれないのは、それが自主レンになっていないからです。野球部の補欠部員がサッカーをやっても、レギュラーにはなれません。周りからはむしろ不真面目な奴《やつ》とみられてしまうでしょう。

遊ぶのが悪いと言っているのではありません。

スポーツがうまくなりたければ、部活でレギュラーを勝ち取りたければ、周りよりも練習するのが当たり前です。周りと同じようにしか練習していない人から「周りと同じように練習しているんですが、なぜ自分はレギュラーになれないのでしょうか？」と聞かれたら、「それは、周りと同じくらいしか練習していないからだよ」と言うしかありません。

周囲よりいい成績を残したければ、人よりも多く力を注ぐしかありません。そのための自主レンを、自分はどれだけしているか、真剣に問うてみるべきです。

必ず達成できる短期で小さな〝行動目標〟を作れ

多くの人は目標を立てて、それを実行することの大切さを〝知って〟います。しかし、知っているだけで実行していません。わかっていても、実行することは簡単ではないのです。なぜか？

それは、「こうなりたい」という漠然とした目標しか作っていないからです。「こうなりたい」というのは、長期的な状態目標です。

長期の状態目標を作るのは大切です。自分はどこに向かいたいのか、どういう姿になりたいのかを明確に意識しなければ、そこにたどり着く確率は減るでしょう。

でも、それだけでは不十分なのです。

長期的な目標を作っても、毎日それに向かって前進できる人は多くありません。なりたい姿が大きければ大きいほど、目標がはるか遠くに見え、今日の努力が「取るに足らないもの」に見えてしまうからです。

どんな遠い目標でも、毎日確実に一歩ずつ進んでいけば、いつかは必ずたどり着くことができます。途中でやめてしまうから、過去に立てた目標は未達成に終わっているのです。

では、途中でやめないために、どうするか？

短期的な行動目標を作るべきです。これは、「こうなりたい」という状態目標ではなく、**「今日何をする、明日何をする」**という具体的な行動の目標です。

本来、行動自体を目標にしても意味がありません。目標は何かを達成するために立てるものであり、日々の行動はそのための手段でしかないからです。しかし、それを理解したうえで、**その手段を「目標」にし、毎日、達成しているかどうか、チェックします。**

そうすれば、毎日行動ができ、結果として「毎日、なりたい姿に向かって前進している」という状況を作り出せるのです。

「1年の計は元旦にあり」という言葉もあり、長期の状態目標を立てる人は多いです。しかし、それをサポートする短期の行動目標を見落としがちです。目指すところに確実にたどり着くには、むしろこの行動目標のほうが重要なのです。

意思は〝有限〟と理解し、大切に使う

勝つためには、自分を高めなければいけません。そして、継続して勝ちつづけるためには、自分を高めつづけなければいけません。一瞬だけ努力してもあまり意味がなく、〝継続は力なり〟という言葉どおり、つづけることが求められます。

多くの人は、「やる気が続く人はいいよな」「私は、飽きっぽいから」と口にします。つまり、継続できる人を何か特別な才能を持った人だと思っているのです。

しかし、そうではありません。

継続できる人は、強烈なやる気を持っている人でも、意思が強い人でもありません。もちろんなかには、鉄の心を持った人がいるでしょう。でも、「続けられる人」

のうち、多くは、普通の人です。強烈に強いやる気を持っているわけでも、誘惑に負けない鉄の意志を持っているわけでもありません。

ただ、違うのは、**自分の意思を維持する環境を整えている、**ということです。

意思は、〝有限〟です。

意思は無尽蔵に、かつ自然に湧いてくるものではありません。ましてや気合の問題でもありません。**意思は〝有限〟で、使うと減ってしまいます。かといって、体力と違って、寝れば自動的に回復するわけでもありません。**

意思を持ちつづけられる人は、使ってしまった意思を意図的に回復させられます。同時に、意思の力を借りずともその行動ができるように整えてから行動に移します。だからこそ、意思をいつまでも持ちつづけることができ、行動を継続することができるのです。

たとえば、運動をはじめる時のことを考えてください。もともと、自分には運動する〝意思〟がありませんでした。しかし、なんらかの外部からの情報や刺激によって、運動する意思が出てきました。たとえば、テレビで「運動しない人は、早死にする」と聞いたり、好きな女の子が「スポーツマンってカッコイイよね」と言っているのを聞いたり、もしくは去年はけたパンツのボタンがしまらなかったり。これら外部からの情報や刺激によって、〝意思〟が芽生えます。

その結果、運動をはじめますが、三日坊主で終わってしまいます。なぜなら、その3日間で「意思を使い果たしてしまうから」です。コップの水を飲んでしまったら、空になるように、意思も使ってしまったらなくなるのです。また、時間がたつとコップの水が少しずつ蒸発するように、意思も時間の経過とともに少しずつ減っていきます。

これを元に戻さなければ、やる気がつづかず、行動を継続できないのです。

行動を継続できる人は、この〝意思〟を維持することをまず考えています。

言い方を換えると「行動できる環境を整えておく」ということです。物事の結果は、すべて内的要素と外的要素の複合で決まるとお伝えしました。運動を継続するという結果も、同じです。内的要素（やる気、意思）だけでなく、外的要素も絡んでいるのです。

カイジが地下の強制労働施設にいた時、給料日から2日連続豪遊してしまいました。豪遊2日目は、猛省したとありましたが、しかしそれからも貯金に励むことはなく、ほんの数日で、ほぼ給料を使い果たしてしまいました。

では、カイジに〝意思〟がなかったのでしょうか？

そうではありません。カイジは給料日の翌日、座禅を組んで、前日の豪遊を反省していました。そして、もうあんな使い方はしないと心に決めています。

しかし、その意思は30分でなくなってしまいます。

「カイジは意思が弱い男だ」

そう思うかもしれません。しかしそうではないのです。まわりには、ビールを買って宴会をやっている人たちがたくさんいます。温かい焼き鳥をおいしそうに食べている人もいるんです。

カイジがいくら強い意思を持っていても、あの場にいたらビールを買ってしまうでしょう。カイジだけでなく、きっと誰もがあの場での誘惑には抗《あらが》えないでしょう（もしかしたら、利根川ですらも！）。カイジが自分に弱い人間なのではなく、外的要素が強烈に「ビールを買わせる」よう仕向けられていたら、買ってしまうのです。

内的要素を変える、強化するだけでは不十分です。望む結果が得られるような外的要素を、自ら求めなければいけないのです。

つまりカイジがこの場ですべきだったのは、座禅を組んで我慢することではありません。この部屋から出て、トイレにでも籠《こも》り、ビールや焼き鳥をみないことなのです。

この地下でのルールの詳細は知り得ませんが、消灯時間までトイレに籠っていることはできたはずです。私がカイジの立場だったら、少なくとも部屋から出ます。とにかく、自分がビールや焼き鳥を目にしないで済むところに行きます。とにかく〝生殺し状態〟を避けなければいけません。

地下施設での場面。「１日外出券」を買うためにお金を貯めることを決心したカイジだが……その決意はたやすく崩れた。しかし、私たちはカイジを笑えるだろうか。意思は有限なのである。

長時間毎日トイレに籠ることは苦痛でしょうが、もしそうしていれば、あるいは「1日外出券」に手が届いていたかもしれません。意思は無限にあるものではなく、使えばなくなります。その意思は環境によって浪費しやすくなります。どのように環境を整えるか、それが継続できる人とできない人の違いなのです。

「今日」をがんばれるか？

地下の労働施設の班長大槻《おおつき》は、「今日だけがんばった人間に明日が来る」と言いました。今日がんばることが明日を作るのです。

これは、単に「今がんばれ」ということだけでなく、「今日、目の前にある会社の仕事をがんばれ」ということでもあります。

自分の目の前にある、今の仕事に一生懸命取り組まない人は、いつまで経っても、自分を大きくすることはできません。

たまに「将来のために勉強している」と言う人がいます。勉強自体はいいと思います。しかしなかには、業務時間中に仕事をさぼってベストセラー本を読んだり、「将来、成功するために人脈を作っておく」といって、ろくに仕事もせず異業種交流会に出かけて行ったりする人がいます。

これでは、「今日をがんばった」ことになりません。

それが実際に有益な読書、有益な交流会だとしても、それは〝今日〟のためになりません。今日をないがしろにして、いくら将来に備えても、〝明日〟は一生来ないのです。

会社の業務に携わっている時間は、会社の業務に没頭しなければいけません。それが「今日をがんばる」ということなのです。

ただし、逆に会社の仕事を終え、会社から離れたら、〝目の前の仕事〟から離れなければいけません。そして、会社の外では、将来について考えなければいけないのです。

つまり、会社の外に出たら「今日をがんばる」というのは、一転して**「将来のために」**という意味に変わります。将来のために、今日どれだけがんばれるか、それが分かれ道になります。


ちょっと仕事が早く片付きそうだからといって、職場の同僚との飲み会を日課にすべきではありません。職場の人間関係が良好であることは結構ですが、職場の人間関係に引っ張られて、そこに留まっていることに良いことなどひとつもありません。飲みに行って、職場や上司の愚痴を言うのは、時間の使い方として最低です。

会社を出たら、「目の前の仕事」を忘れるべきです。その代わりに、「将来のこと」を一生懸命考えます。職場でよりよい成果を上げられるように自主レンをしたり、経営者の視点から幅広い視野で自分の業務を考えてみたり、もしくは、自分の将来のためになることを考えるべきです。

そこが分かれ道になるのです。

第4章

一流だけにみえている、圧倒的勝利への道

なぜ、カイジに憧れるのか？

客観的にみると、カイジは〝ダメ人間〟です。帝愛グループの遠藤と出会うまでは、働きもせず、高級車にイタズラして憂さ晴らしをするような、どうしようもない男でした。

エスポワール号から生還した後も、くすぶりながらコンビニのバイトをしています。あの〝沼〟に勝った次の日も、フツーのパチンコでお金をすってしまい、無一文になっています。そう考えると、やはりカイジは〝ダメ人間〟です。

ですが、私も含め多くの『カイジ』読者は、カイジを頼もしい男としてみています。カイジを応援し、最後は勝ってくれる男と信じています。カイジを「カッコイイ！」と感じている人も多いと思います。

なぜでしょうか？

私たちはなぜ、こんな〝ダメ人間〟に尊敬とも言える感情を抱くのでしょうか？

それは、古くから語られている「称賛が得られる条件」と深く関わっていました。

アダム・スミスと利根川とイチローの共通認識

〝経済学の父〟と呼ばれているアダム・スミスは、かつて「人間の正しい生き方」について説きました。

現代では、アダム・スミスは「神の見えざる手」というフレーズで知られています。しかし、スミスはもともと経済学者ではなく、**「人間はどのように生きていくべきか」を研究し、説いた道徳哲学者です。**彼は、人間が正しく、幸せに生きるにはどうしたらいいいか？　を追求していました。そして、そのためには〝富〟が必要ということに気づき、経済学をつくったのです。

人間が幸せに生きるためには、〝富〟が必要である。だから、いかに国民に〝富〟を行き渡らせるか、いかに国民を貧困から救うかが重要と考えたわけです。そして『国富論（諸国民の富）』が出版されたのです。

ただし、アダム・スミスは、『国富論』よりも前に『道徳情操論』という道徳哲学についての大著を出版しています。スミスの名を当時のヨーロッパに広めたのは、じつはこちらの本でした。

そして彼の道徳哲学を読み解くことで、人間はどう生きればいいのか？　カイジがなぜ頼もしくみえるのか？　さらには、「一流の条件」とはなんなのか？　がみえてくるのです。

利根川はイチロー選手や羽生《はぶ》善治氏を、カイジたちとは違う「一流」として考えています。

彼らがなぜ一流なのか、エスポワール号に乗っていた、大勢の〝クズ〟とどこが決定的に違うのか、18世紀に既にアダム・スミスも指摘していたのです。

カイジシリーズの中で、実在の人物が引用される珍しい場面。利根川が考える一流の条件とは、勝ちを積み上げてきたということだ。

人は、3つの基準で人を評価している

アダム・スミスは、**「人間は周囲から是認されたくて仕方がない生き物だ」**と説いていました。自分の行動を認めてもらいたい、評価されたい、肯定されたい、私たち人間は常にそう思っているのです。同時に、批判・否定されたくない、とも思っています。スミスはこれらの感情を、人間の本質的、しかも、**最大の欲求**だと考えていました。

その最大の欲求を満たすために、私たちは行動をします。他人に認められようと正しい行動をし、正しくない行動をしないように自分を律します。**規則や法律でがんじがらめにされなくても人間が正しく生きようとするのは、「社会から是認され**

たい」という根本的な欲求があるからなのです。

では、私たちが周囲から認めてもらうには、どのような要素が必要なのでしょうか？

ここで再度、アダム・スミスの『道徳情操論』を参照します。

（原文訳）

恩恵を与えようと努力して不成功に終った人自身は、そのような努力に成功した場合におけると同様にかれが恩を施すつもりでいた人の感謝を決して期待してはならず、あるいは恩を施すつもりでいた人に対する自分自身の功績に関しても、同じような感覚を決して抱いてはならないのである。

（意訳）

「つもり」だけで、最終的に「結果」が伴わなければ、高い評価にはなら

ない。

（原文訳）
われわれが特定の事例に臨んだ場合には、ある行為の偶然にもたらす現実の結果は、その行為の功績または罪過に関するわれわれの情操に非常に大きな影響を及ぼし、ほとんど常にわれわれの功績感を高めたり、低めたりする。

（意訳）
私たちが下す善悪の判断は、現実の結果に大きく左右される。

つまり、「結果が出なければ、世間からは認められない。認めてもらおうと思ってはいけない」と言っていたのです。

世間は、プロセスよりも結果を重視します。そのため、いくら完璧なプロセスを踏んでも、結果が出ていなければ評価してもらえないのです。

スミスは、称賛に値するのを「正しい意図と行動と結果が揃《そろ》ったもの」としました。つまり、

①その結果を出そうとする意図があり
②その結果を出そうと、正しい行動をし
③最終的に、意図した結果が出た

この3つが揃った時に、初めて世間から称賛してもらえる、世間からの称賛を期待していいということです。

逆に、この3つが揃わない時には、世間から評価してもらえないのです。

まず、「その結果を出そうとする意図」がなければ、称賛は得られません。

たとえば、自分が道を歩いていたら、交差点のところで前から友人が来ました。

友人はあなたが道路を渡るのを待って話をしようと、立ち止まりました。
次の瞬間、その人の目の前を猛スピードで車が通り抜けました。あなたを待つために立ち止まったため、その人は助かったのです。

この人が助かったのは、〝あなたがいたから〟です。しかし、あなたはその人を助けようとして、そこにいたわけではありません。「そのつもり（意図）」があったわけではありません。だから「自分が人の命を助けた」とは言えません。「あなたがいなかったら、車に轢《ひ》かれてました。命の恩人〜！」と、御礼を言ってもらえるかもしれません。しかし、「オレは人の命を助けた！」とまでは言えないでしょう。

また、「そのつもり（意図）」があっても、行動が伴っていなければ、称賛は得られません。野球の試合で、ホームランを打とう！と打席に立ち、実際にホームランを打てたとしましょう。意図があったわけです。結果も出ています。

ただし、いくらホームランを打ちたいと思っていたとしても、それまでまったく練習をせず、なんの準備もしないで臨み、目をつぶって適当に振り回したバットに当たっただけだったとしたら、褒められたものではありません。「結果を出すための正しい行動」が欠けているからです。

さらに、意図と行動が正しくても、結果が伴わなければ、世間からの称賛は得られません。

社内で与えられた営業目標を達成するために、毎日必死に努力しました。売上を上げるために、毎日欠かさず行動をしました。しかし、結果的に目標は未達成でした。がんばったけどダメだったわけです。

この時、「がんばったので褒めてください」とは言えません。結果が出ていないからです。

この3つが揃って初めて、世間はその人を称賛します。

それは私たちがカイジを見ている時も同じです。

カイジは勝とうとしています。強い意志を持っています。

カイジは、勝つために必要な行動をしています。運否天賦《うんぷてんぷ》ではなく、勝つべくして勝つように、行動を積み重ねています。

そして最終的に、カイジは勝ちます。結果を出します。

だから、私たちはカイジを称賛し、尊敬し、カッコイイと思うのです。

仮に、カイジにどれかひとつでも要素が欠けていたら？　と想像してみてください。「勝つ気がないカイジ」「準備せず、運任せなカイジ」「がんばったものの、最終的に結果を出せず、負けてしまうカイジ」

どのカイジを想像しても、カッコイイとは思いませんし、頼もしいとも思いません。称賛できないのです。

アダム・スミスがこの「称賛される条件」を説いたのは、もう250年も前のことです。しかしながら、その本質は、今でも生きているのです。

カイジが勝たなければ絶体絶命だった“45 組”の勝利の涙。月給 90000 ペリカ（9000 円）のところ、地下でさらに借金を負い月収 45000 ペリカ（4500 円）になってしまった者たちは、カイジに最後の望みを託していたのであった。

称賛を求めるあまり、二流に成り下がる

人間は、他人から是認（肯定、評価、承認）されたいがために、正しい行動をしようとし、強く生きようとします。批判されたくないので、間違った行動をしないように自分に言い聞かせます。

しかし同時に、他人からの是認がほしいあまりに、**本来は称賛されないような結果に終わった時でも表面を取り繕おうとする人が出てきます。**道徳に反するような行動をしても「バレなければいい」と考える人が出てきます。

本来であれば、意図・行動・結果の3つが揃って初めて評価される対象になります。どれかひとつでも欠けたら評価してもらえません。

ただし、どれだけ正しい意図を持って、正しい行動をしても、結果が出るとは限

りません。イチローがすべての打席でヒットを打てるわけではないのと同じように、100%成功するわけではないのです。

ここで問題が起こります。評価されたいがために、懸命に努力し、正しい行動をしても、結果が出ずに評価されないことがあるのです。

この時、何を重視するかで、一流と二流・三流が分かれます。

第3章でもお伝えしたように、自己評価にはプロセスも大いに考慮すべきです。一流は、プロセスも重視します。また、毎回必ず結果が出るわけでもないことを知っています。そのため、仮に結果が出なくても、自分が正しいことをしていることを確認し、冷静に次のチャンスを待つことができます。

一方で、とにかく世間から認められたい、手っ取り早く称賛されたいと考える人がいます。結果を取り繕えばいいと考えたり、適当にやって適当に結果を出そうとしたりします。

周りから評価されたいと願う気持ちは同じです。しかし、本当に評価に値するものを追い求めるか、とりあえず表面的に取り繕おうとするかに差があります。じつはこの考え方の差が、一流と二流・三流を分ける決定的な要素なのです。

世間を欺く人間は、決して一流にはなれない

一流は、内なる声に従い、軸を持って正しく、強く行動する。

二流は、世間の評価を得たいがために、自分と周囲を欺き、浮つく。世間の評価を得ることを最重視し、本質を見失う。

三流は、世間の評価を得る基準に達しない。


アダム・スミスの考えを紐《ひも》解くと、このように解釈できます。


一流が、なぜ一流と認識されるのか？

一番大きい要素は、「**自己認識の基準**」です。これこそが、一流と二流を分けているる隠れた、しかし決定的な要素なのです。

一流には、能力と、相応の成果が必要です。成果を出せて初めて一流と認められる前提条件をクリアします。逆に言うと、成果さえ出せば一流と認めてもらえるかというとそうではありません。

一流と二流を分けるのは、最終的には〝成果のレベル〟ではないのです。言い方を換えると、優れた成果を出せるからと言って、それが即〝一流の証拠〟になるわけではないのです。一流が一流たるゆえんは、別のところにあるのです。

一流と二流を分けるもの、それは正しい自己評価、正しい自己認識です。

かつて、クレジットカード会社のテレビCMでこんな描写がありました。試合中に相手から足をかけられたかのように、わざと転んでファウルをもらうエースストライカーを「ニセもの（二流）」として描いていたのです。特定の人物を指していたわけではありませんが、プロサッカーの試合でエースストライカーと呼ばれる人物ですから、普段のパフォーマンスは卓越しているはずです。長い間トレーニングをして、その座を勝ち取ったに違いありません。

でも、表面的な評価を得るために、ごまかし、周囲を欺いています。しかも、それで自分を〝よし〟としているので、「一流ではない」のです。

また、2000年のシドニーオリンピックで男子柔道100キロ超級の決勝戦で起こった事件を覚えている方も多いと思います。日本代表の篠原選手が相手を〝内股すかし〟で投げ、一本勝ち……のはずでした。ところが、審判はこともあろうに、相手に〝有効〟のポイントを出したのでした。結果として、この試合は篠原選手が負け、銀メダルに終わりました。

この時の相手選手は、〝内股すかし〟で背中から畳に倒れました。本人は、自分が負けたことを完全に自覚しているはずです。ところが試合後の写真をみると、この選手は両手を高らかに挙げて「勝利」を喜んでいました。

スポーツの世界では審判の判定が絶対です。そういう意味では、この選手はたしかに試合に勝ちました。では、この選手は「一流」と認められるでしょうか？

間違いなく、そうは認められません。

一流は、正しく自分にOKを出す

ここで、イチロー選手にまつわる非常に興味深いエピソードがありますので、紹介します。

『一流の思考法』（森本貴義著、SBクリエイティブ、2009年）に、イチロー選手が自分の行動をどう評価しているかについて、非常に興味深いエピソードが書かれてありました。イチロー選手が、なぜ世界から「一流」と認められているのか、その理由が明快にわかるエピソードです。

――92年にプロ野球入りしたイチロー選手にとっては、中堅どころとして迎えた8年目のシーズン。94年から5年連続で首位打者という偉業を成し遂げていたイチロー選手は、この日も同じようにバッターボックスに立った。
9回、ピッチャーはこの年から抑えに転向した西崎幸広選手。ボールを容易に捕えたイチロー選手は、三遊間を飛んでいくボールをイメージしながら走りだした。しかし結果はボテボテのセカンドゴロ。にもかかわらず、一塁を駆け抜けたイチロー選手は今までにない感覚を覚え、にやりと笑みを浮かべるのだった……

ヒットを打てなかったというのは、普通なら失敗にあたります。そして、この時は客席もベンチも揃って肩を落としました。しかし、イチロー選手は逆に「笑みを浮かべた」のです。なぜでしょうか？　彼はその理由をこう言ったそうです。
「かなり高い確率でヒットになるはずだったんです。でも現実にはそれが単なるセカンドゴロになっている」（『イチロー・オン・イチロー』小松成美著、新潮社、2002年）
さらに、この打席を通して、長い間自分で納得いかなかったバッティングフォームの課題解決法が発見できたそうです。だから「笑みを浮かべた」のです。

傍《はた》から結果だけを見れば、この打席は間違いなく凡打です。そして凡打であれば、称賛されません。

しかしこの打席で、自分の課題が解決でき、その後のプレーに多大な影響を与える糸口を発見しています。イチロー選手が課題を解決することは、本人にとって「いいこと」であることは言うまでもなく、ファンにとっても、チームメイトにとっても、非常にメリットが大きいことです。ヒットを1本打つよりも、今後に繋がる課題解決のほうがずっと価値があるでしょう。

つまり、表面的には凡打で、世間からは認めてもらえなくても、自分にはその重要性がわかっています。本質を考えていれば、この打席は「大成功」だったということがわかるのです。目にみえる結果だけで判断した評価とは裏腹に、イチロー選手本人は、自分にOKを出したのでした。

二流の選手は、世間の評価を得ようとするあまり、本質を見失います。本当に大事なことが何かを考えず、とりあえず世間が評価してくれるものを追い求め、評価が得られなければ落胆します。本質的に正しい行動をしても世間が認めなければ落胆し、逆に世間が評価しさえすれば自分が納得していなくても「ま、いいか」と妥協してしまう。

だから一流になれないんです。

イチロー選手は、世間の声に惑わされず、自分で大切にしているものを貫こうとしています。だからこそ、その打球がヒットにならなくても、満足できるのです。彼は、誰もが認める大記録を打ち立て、間違いなく歴史に名を残すプレーヤーです。しかし、彼が一流たり得るのは、そのような実績を上げたからだけではなく、**自分自身からの評価に真摯に向き合い、本質を見ているからです。**表面的な称賛に踊らされず、反対に世間から評価されなくても自分で満足することができるからなのです。

評価基準は、自分で決めるな

二流は、周囲を欺いてでも結果を取り繕おうとします。ただ、裏を返すと、何が正しいのか、何が評価される基準なのかは把握しています。

三流は、それすらも把握していません。つまり、そもそも評価に値する基準を持っていないのです。これが三流です。

なぜその基準が身についていないのか？　それは、三流が圧倒的な勘違いをしているからです。

一番の大きな勘違いは、その基準を、自分の考えで決めてしまっているという点です。

評価に値する基準とは、要するに「ここまでやったら合格点を出せる」という境目です。その、「ここまで」「これだけ」を自分で決めてはいけないのです。

自分でその基準を決めてしまったら、それこそ単なる自己満足です。

自分で合格ラインの基準を設けるのではありません。世間に決めてもらうのです。

「こんなにがんばってるのに、全然報われない！　こんな社会はうんざり！」と愚痴を言う人に限って、「それしかやっていないの!?」というくらいがんばっていないことがあります。

先日もテレビで「就職難に苦しむ若者」を取材していました。彼は悲壮感を全面に打ち出して、「もう20社くらい受けているんです。こんなにがんばっているのに、全然決まらない。これ以上何をやったらいいか……」と語っていました。

この番組を見た多くの人がネット上で批判しました。「取材なんか受けているヒマあったら、面接に行け」「20社？　オレは100社受けたぞ？」「それくらいで弱音を吐くなんて、甘すぎる！」と。

ネットで批判しても意味はない、と思う一方で、たしかに世間の基準から見て「甘い！」と思われてしまう内容だったことも否めません。

彼は、評価される基準を自分で決めてしまっていたのです。

基準は自分で決めてはいけません。あくまでも世間、自分が生きているその社会で決められたものに従うべきなのです。

そのためには、世間を眺めて、世間の声を聞き、世間の判断を仰ぎます。そうすることで「世の中では、これくらいが〝当たり前〟の基準なんだな」と理解できます。それを合格ラインの基準にしなければいけません。

何が正しくて、何が間違っているか、どれだけやれば「がんばっている」と言えるのか。それを決めるのは、あくまでも他人・世間です。自分で合格ラインを決めて、自分で「オレはがんばっている」と言った瞬間、三流に落ちてしまいます。

「世間は気まぐれ」だと心得る

世間の声を聞き、世間の判断を仰がなければいけないとは言っても、世間は往々にして気まぐれです。

人によって言うことが違いますし、同じ人でもその時の気分によって称賛する時もあれば、批判してくる時もあります。一貫してないのです。昨日は「よくがんばってるね～」と言ってくれたのに、今日は「なんだ、それしかやってないのか!?」と言われます。同じことをしているのに、評価が変わります。それくらい世間は気まぐれなのです。

また、世間からは、嫉妬や嫌悪の感情を受けます。とにかく相手を批判して、足を引っ張る人もいます。これも世間の意見であることには違いありませんが、これらはもちろん本質的ではありません。

このように、世間の評価は気まぐれで、一定ではないのです。

ただし、これは統計データのバラツキと同じです。サンプルが少なければ、異常値から受ける影響が大きくなります。そして異常値に振り回され、本質が見えなくなります。

ですが、参照するサンプルを増やしていけば、本当の姿にどんどん近づいていきます。日本人男性の平均身長を調べるのに、周囲にいた10人くらいの身長を測って結論を出すことはできません。たまたま背が高い人、背が低い人に偏っているかもしれないからです。しかし1万人の身長データを基にすれば、おそらく正しいデータが見えます。

何が正しいか、何が間違っているかの価値観・基準も同じです。少人数の意見では、本当にそれが正しい世間の声なのかがわかりません。

世間が考える基準を正しく捉えるためには、できるだけ多くの〝サンプル〟を入手しなければいけないのです。

これはデータを集めて分析するとか、アンケートをとるということではありません。自分が日々生活している中で感じるのです。

生活の中で、いろんなものを見聞きし、それを世間の声、世間の態度、世間の反応として「世間ではこう考えるんだな」と自分の中に取り込みます。常に世間の声に耳を傾け、サンプルを吸収していくということです。

それで〝正しい基準〟が作られるのです。

世間に流されない、自分の軸の作り方

ただし本当に大事なのはここからです。

常に世間の声を聞かなければいけないというのは、その都度、世間の判断を仰がなければいけないということではありません。何か行動をするたびに、周囲にお伺いを立てるということではありません。

社会の声に耳を傾け、その社会・その世の中で「正しい」とされている基準を雰囲気として常に感じとるということです。

そして、「あ、こういう場面では、みんなこう感じるんだな。こう評価するんだな」とさまざまな場面の、さまざまな人たちの反応を把握していくのです。そして自分の中に〝ルールブック〟を作っていくのです。

ありとあらゆる事柄について、世間の基準を取り入れ、自分の中にある〝ルールブック〟に記しておきます。これが称賛に値するか否かの基準となり、自分の〝軸〟になります。

人は、こうして作り上げた〝基準・軸〟に従うべきなのです。これが一流になるための必須条件です。

基準は世間から取り入れなければいけませんが、世間は気まぐれで、世間の声の中には、本質的ではない評価も混ざっています。そんな雑音に惑わされてはいけません。**世間の声に耳を傾けなければいけないが、同時に世間からの雑音を排除しなければいけないのです。**

そのために、自分の中に作り上げた基準に従う。自分の内なる声に従う。アダム・スミスは、それこそが人間が正しく強く生きるための秘訣《ひけつ》だと考えていました。

そして、エスポワール号で、茶髪男と勝負する時、カイジもそれに気づきました。それまで他人の言うなりに行動してきたカイジが、強く生きるようになった瞬間で

カイジは窮地に立たされて初めて勝つためには「自分のことを信じるしかない」ということに気づいた。決断するのは常に「自分」である。人任せで切り拓ける道はない。

した。

自分が行動するまさにその時には、自らの中に蓄積した基準に基づいて、正しいと信じる道を選ばなければいけません。それが、一流を作り上げる要素なのです。

なぜカイジは、ダメ人間に戻ってしまうのか？

帝愛グループと戦っている時のカイジは、優秀で決断力がある、頼れる男です。しかし、勝負が終わってしまうとまたダメ人間に戻ってしまいます。この二面性を不思議に感じる人も多いと思います。

「いやいや、漫画の話だから」

そうではありません。たしかにカイジは漫画のキャラクターですが、この二面性は、人間誰しも持っているものなのです。

同じ人でも、「強い人」になれる時もあれば、弱くなってしまうこともある。

同じ人でも、「善の行い」をするときもあれば、悪事を働くこともある。

人間はそういう生き物なのです。

アダム・スミスが人間を深く洞察し、すべての人間に強く正しい側面と、弱く軽薄な面があると指摘しました。しかもこれは人間が持つ、深くて強烈な願望に根ざしているのです。

人間にはもともと、世間から価値基準を取り入れて、それに従い正しい行動をしようとする側面があります。それは、「世間に認めてもらいたい」「評価されたい」「否定されたくない」という願望があるからです（そうでなければ、世間の声を聞く必要がありません）。

しかし同時に、世間から認めてもらいたいがために、ごまかしたり、嘘《うそ》をついたりします。結果が出ていない時でも虚勢を張り、間違ったことをしてしまった時には、それをごまかそうとします。さらには、「バレなければいい」「逮捕されなければいい」と考えはじめてしまうのです。こういう考えは正しくないと知りながらも、自分に負け、世間から評価してもらうためにうわべを取り繕うのです。

「世間から認められたい」という願望があるから正しく生きようとする反面、まったく同じ願望から、うわべを取り繕う「正しくない人間」になってしまうのです。

人の心の声を「天使」と「悪魔」が登場して代弁する描写がありますね。非常にコミカルに描かれていることが多いですが、あれは決してコメディではありません。実際に人の心には2種類の声が存在します。どんな人の心の中にも天使と悪魔がいるのです。

誰の心にも悪魔がいる

ただ、正しく強い人間は、悪魔を退ける勇気と決意を持っています。その人の中にも悪魔は存在します。しかし、その声に屈しないから、「正しく強い行動」ができるのです。

悪魔の声に屈しないということと、「強く正しい側面を持っている」ということとは違います。「屈しない」とは、強く正しい行動をしなければいけないという〝意識〟を持っているということです。天使の声に従わなければいけない、悪魔の声に屈してはいけない、という意識を持っているからこそ、天使の声に従い、強く正しい行動ができるのです。

つまり、人が「強く正しい行動」をするのは、善悪の判断基準を知っているからではなく、**正しい基準に従わなければいけないという別の〝意識〟が働いているからなのです。**最終的には、その〝意識〟があるかどうかで、人の行動が変わるわけです。

ではその〝意識〟とは具体的になんなのか？

アダム・スミスは、「宗教心」だと考えました。

人間に「世の中の『善』の基準に従わなければいけない」「それに従うのが『絶対的な善』」と考えさせるのは、「宗教」しかない。それがスミスの考えでした。

神を信じるからこそ、「神様がみているから、間違った行動はできない」と考えます。そのため、正しい行動をとるようになり、強く生きようとするのです。日本でも「お天道さまがみている」という言い方がありますね。それと同じです。

神への信仰心があることで、人は正しい行動をするように強く促されるということです。そして、人間が正しい行動をするため、社会の秩序が保たれるのです。

もし人が「お天道さまがみている」という感覚を持たなければ、「バレなければいいいよ。ごまかしちゃえばいいよ」という「悪魔の声」に負け、うわべだけを取り繕おうとします。その結果、人々は怠け、ごまかし、悪事を働き、モラルのない社会になりかねません。神への信仰を持っていることが人間社会をまとめ、神の存在が社会をうまくまとめているのです。

アダム・スミスは〝神の見えざる手〟というフレーズで有名な人物です。特に制度や規律でしばらなくても、各自が自由に行動することで、不思議と全体がうまくまとまる、ということです。それは神が「見えない手」で整えているかのようだ、ということです。

じつは、スミス本人は、〝神の見えざる手〟ではなく、単に〝見えざる手〟と書いています。〝神の〟とは書いていないのです。そのため、〝神の見えざる手〟という表記は誤りだと主張する人もいます。

しかし、人間は「お天道さまがみている」から、正しく、強くあろうとするのです。と考えると、その〝手〟の持ち主が神であることは明らかです。

人間ひとりひとりが自由に行動しても、社会全体としてまとまるのは、各自が神を意識し、「神様がみているから、間違った行動はできない」と考えるからなんです。人間社会が秩序を保っているのは、神の存在があるからなのです。神を信じることで、人間社会が〝自然と〟うまく機能していくのです。だから「〝神の〟見えざる手」なのです。

カイジを強くするものは何か？

「お天道さまがみている」という感覚が、人に正しい行動を促すという話は、納得できます。しかし、だからすぐに神様を信じなさいと言われても、現代の日本人にはなかなか受け入れられません。今まで無宗教だった人々がいきなり「何か信仰を持て」と言われても、難しくて当然です。

そして、おそらくカイジも宗教心は持っていないでしょう。でも、カイジは強く正しい人間になることができます。

カイジが持っているのは、宗教心ではなく、大切な仲間です。

限定ジャンケンを生き延びた時、カイジは古畑と安藤の人生を背負っていました。石田のおっちゃんから〝2000万円チケット〟を託され、おっちゃんのためにも負けられない、とブレイブ・メン・ロードを渡りきりました。そして、死んでいった仲間や、まわりで応援してくれている仲間のために、「勝たなきゃいけない！」と奮い立ち、利根川を倒すのです。〝沼〟を打っている時には、地下で待つ仲間とともに戦っていたでしょう。

一世一代の大勝負。報酬として、地下の仲間を全員救えるだけの金額を要求するカイジ。仲間のことになると、驚くほど強気になれるのである。

何か心の底から大事にしているもの、絶対これだけは譲れないという強い信念が、カイジを強くしているのです。

必ずしも宗教や神への信仰心がなければ強くなれないかというと、そうとは限りません。「心の底から大事にしているもの」があれば、その大事にしているものに背かないよう、「強く生きなければ」という意識が芽生えます。

これが人を強くするのです。だから多くの勝負がはじまり、「絶対に負けない、負けられない！」と意気込んでいる時にはカイジはものすごく強いのです。

ただし、その勝負が終わると、コンビニのバイトから抜けられなかったり、街中にある普通のパチンコで有り金をすってしまったり、強く正しい行動ができなくなります。それは、〝心の底から大事にしているもの〟をカイジが思い浮かべていないからです。

カイジも含めて、人間には弱い側面と強い側面の2つが同居しています。誰しも同じ状態なのです。

強い側面を引き出すのは、アダム・スミスにとっては〝神〟、カイジにとっては〝仲間〟。

誰でも、「強く生きなければ」と思わせてくれる存在があるからこそ、強くなれるのです。

自分にとって、その存在は何か？　それがわかれば、誰でも強く生きることができるのです。

終章

「成功」と「幸福」を同時に手に入れる

お金&働き方&生き方は、三位一体

少し前から、「働き方」について注目が集まっています。正規雇用・非正規雇用、ブラック企業などのキーワードとともに、個人の働き方を特集するテレビ番組も増えましたし、『僕たちはいつまでこんな働き方を続けるのか？』（星海社新書）という私が書いた本は、7万部を超えるベストセラーになりました。

本を出版してから、「これからどんな働き方をすればいいですか？」と相談されることが多くなりました。この時、非常に強い違和感を覚えました。多くの方が、「働き方」を単体で考えていたからです。

働くのは、なんのためでしょうか？　最も直接的に考えるならば、「お金を稼ぐため」です。お金を稼がなければいけないので、働くのです。つまり、「働く」と

「お金（収入）」はセットです。それを分離させて考えることはできません。どんな仕事をするか、どれくらい働くかによって収入が決まるのです。働き方だけ切り離して考えてもまったく意味がありません。

そして同時に、「生き方」だけも切り離せません。

自分が好きな時に、好きな場所で働くのがいいです。

趣味の時間も大事にしたいので、5時以降は仕事をしたくありません。

このような「理想の働き方」を思い描き、それができている人を羨《うらや》む人が数多くいます。ですが、「働く」と「お金」はセットです。その〝理想の働き方〟をして、自分が満足いくお金を稼げるかは常に考えなければいけません。

また、もちろん「働き方」と「生き方」もセットです。社会人になると、1日の多くの時間は働いています。朝起きて会社に行き、夜まで仕事して帰宅後にビールを1杯飲んで寝る、という人も多いのではないでしょうか？　つまり、生きているうちのほとんどが働いているのです。

となれば、「働く＝生きる」となります。

働き方を考えずして、生き方を考えることはできません。もっと直接的に言うと、「こういう生き方をしたい」と思うのであれば、**まずその生き方に沿った仕事を選び、働き方を選ばなければいけないということです。**

そしてさらに、その望む生き方に沿って現実的な収入を考えなければいけません。

以前テレビで「人と関わるのがあまり好きじゃないから、山奥で暮らしたい。でも、流行《はや》りの店はチェックしたいし、海外旅行は年に1回行きたいと思っています」と語っていた人がいました。

「何を言ってるんだ!?」と言いたくなるかもしれませんが、これに近いことを言う人は多いです。「楽してお金を稼ぎたい」「ストレスも責任もない仕事だけしたい。それで大金持ちになりたい」

自分の希望をリストアップするのは結構ですが、その場合、収入が〝自分の器のサイズ〟になることも覚悟しなければいけません。

長時間働くなんてごめんだ。残業はしたくないし、もっとプライベートを充実させたい。

でも、一流になりたい。どこに行っても通用するスキルを身につけたい。

年収は1000万円以上ほしい。

率直に申し上げて、「それはムリ」です。世の中で一流と言われている人や、実績を出して尊敬を集めている人は、ほぼ例外なく〝超ハードワーカー〟です。苦しい下積み時代を経験し、すべてを仕事に捧《ささ》げた時期もあるでしょう。そうやってやっと競争に勝つ実力を身につけることができるのです。

楽な思いをして実力が身につくはずはありませんし、楽してお金を稼げるはずもないのです。

利根川は、ブレイブ・メン・ロードを前にして、カイジたちに言いました。

「おまえらのように　継続した努力ができぬ輩は　本来大金なんて夢のまた夢……それでも手に入れたい……　どうしても手に入れたい……となったら　これはもう

一攫千金の夢を抱く若者たちに、金の重さを説く利根川。すべてのサラリーマンの代弁者に思える。

……命を張る以外ないっ……！」

これもその通りではありませんか？

2000万円のために、命を張ることが「正しい」のではありません。それまでずっと競争し、「長年、必死に努力してきた結果、やっと貯《た》められるお金が2000万円」という主張が正しいのです。

生き方、働き方とお金はセットです。どれかを抜きに考えても意味がありません。

幸福な人生は、〝楽〟な人生ではない

人間は、〝楽〟をしてばかりでは生きていけない。私はそう思っています。

人生は（おそらく）一度しかありません。人生は楽しまないと損です。しかし、人生は〝楽〟をできません。楽しまないといけないのに、〝楽〟はできない。なかには、こう感じて暗澹《あんたん》たる気持ちになってしまう人もいます。

ハワイが好きな人にとって、ワイキキビーチで横になりながら、ビールを飲んでいる時は最高の瞬間です。すぐそこにいるウェイターに声をかけるだけで、好きな食べ物と飲み物が運ばれてきます。とても楽ですし、これぞ〝至福の時〟でしょう。ずっとこんな生活をしていられたら、と逆にため息が出る人も多いかもしれません。

しかしご存じの通り、人間は〝楽〟ばかりしていては生きていかれません。ハワイのビーチでビールを飲んで寝てばかりいたら、やがて貯金が底をつき、カイジと同じ運命をたどっていきます。

楽しいことをずっとつづけていると、カイジの世界に入ってしまう。でも楽しくなければ、なんのために生きているのか？　という気分になってしまう。

そう感じて現代社会に希望を見出せない人が、特に若い人の間で多数いるように感じます。

1997年に福本先生が監修して出版された『カイジ語録』（講談社）にこうい

う言葉がありました。
「僕はよく、『快楽』って言葉にかこつけて言うんですが、人生は『快』と『楽』の二者択一じゃないかと。何かを一生懸命やって、それができたときが『快』。『楽』ってのは、ああもういいやって言ってやめて、ビールを飲んで寝転んで、ナイター見る（笑）。それが『楽』です」

これは非常に示唆に富む指摘です。〝快〟も〝楽〟も至福です。しかし〝快〟と〝楽〟は大きく違うのです。

人生の楽しみは、大きく分けて2つあります。ひとつは、**何かを達成した時に得られる満足感・達成感、やりたいことをやっている時の充実感です。**福本先生が指摘する〝快〟です。

ただ、この種の楽しみには、苦しみや困難、プレッシャーも伴います。だからこそそれを乗り越えた時の充実感が得られるわけです。何度やっても100％できるゲームをクリアしてもまったくうれしくありません。それは困難やプレッシャーがないからです。

一方、その困難やプレッシャーがまったくないのが、福本先生が言う〝楽〟です。ワイキキビーチで横になりながら、ビールを飲んでいる瞬間は〝楽〟です。しかし、この状況を続けていられるのは、相当の大資産家だけです。班長の大槻《おおつき》も地下帝国で2000万ペリカ（日本円で200万円ほどの価値）を貯めたら地上に出てハワイ、温泉などに行こうと計画していたようです。まさに〝至福の時〟のために貯金をしていたわけです。しかし、2000万ペリカを貯めても、1か月ももたないでしょう。

〝楽〟は長つづきしません。

また、仕事においても〝楽〟な状態を長くつづけることはできません。逆説的ですが、「〝楽〟な仕事」を目指していると、長期的に〝楽〟な状態にはたどりつけなくなるのです。というのは、**〝楽〟な仕事は、経済原則から考えて給料が安くなるからです。**

人間誰しも「楽をしたい」と考える時があるでしょう。楽して稼げたらいいなと考えている人は山ほどいます。だから「手っ取り早く1億円稼ぐ方法」というような書籍が出版され、売れていくのです。

もし世の中に「楽して稼げる仕事」があったら、かなり応募が殺到するはずですね。応募者が増えれば、雇い主は給料などの労働条件を引き下げても大丈夫と思い、どんどん給料を下げます。その結果、相当安い給料（おそらく、ほぼボランティア）になるでしょう。〝楽〟な仕事は、給料が安いんです。仕事が楽でいいかもしれませんが、給料が安いので、プライベートの時間に〝楽〟を謳歌《おうか》することはできません。この場合も、〝楽〟を長くつづけることはできないのです。

さらには、〝楽〟をすると、選択肢が少なくなり、将来の自分が〝楽〟をできなくなります。先に「年齢を重ねるに従って、チャンスが減る」ということを書きました。見方を変えると、同じチャンスを得るためには、実力値を上げていかなければいけないということです。

横になってビールを飲んでいても、なんの実力も身につきません。楽をつづけるということは、将来のチャンスを失うということに限りなく近いことです。そしてチャンスを失えば、高報酬を望みづらくなります。将来の収入が減るのです。

そして収入が減れば、将来できる楽の範囲が狭くなります。

前作の『カイジ「命より重い!」お金の話』に、借金は「将来の自分からの前借」と書きました。形式上は他人からお金を借りますが、それを返すのは将来の自分です。今使ってしまったツケを将来の自分が払うわけです。

働くことも一緒です。今〝楽〟をすれば、将来の自分がそのツケを支払うことになるのです。将来使えるお金を前借し、今使ってしまえば、将来使うことができなくなります。それと同じで、将来できるはずだった楽を前借してしまえば、将来は楽をできなくなるのです。

〝楽〟から得られる〝至福〟はすぐになくなってしまう

それでもなお〝楽〟を目指す人がいるかもしれません。しかしここでも残念な事実をお伝えしなければいけません。

それは、「人間は飽きる」ということです。どれだけ楽で楽しいことでも、ずっとつづけていたらやがては慣れてしまいます。最初は、ビールを飲んでテレビを見ている生活にそれなりに満足していても、やがては退屈になります。毎日毎日同じことをしていると飽きるのです。つまり、最初はビールを飲んでナイターを見る生活をして「これぞ至福！」と感じていても、すぐに退屈な人生に成り下がってしまうのです。

カイジが楽ばかりしていた結果、どれほど退屈な人生を送っていたかは、みなさんよくご存じのことでしょう。

人間には、新しいものを求める欲求があります。心理学にも、「好きなことをやって、楽しく生きたい」という「遊技欲求」とあわせて、「同じことをいつまでもやっているより、フレッシュで新鮮味のある新しいことをやりたい」という「変化欲求」というものが存在しています。

ここが最大のジレンマになります。

楽をしたい、楽しいことだけやっていたいという欲求に従って生きていても、やがてはその行動は退屈でしかなくなります。そして、新たな楽、新たな至福を探さなければいけなくなります。ただ、チャンスが減り、稼げなくなっている分、楽に使えるお金はどんどん少なくなっていきます。

結局のところ、〝楽〟をしていては、長い目で見て〝至福〟を感じることはできないのです。

“楽”を追い求めてきた結果、たどり着いたのはよどみくもった生活だった。カイジはその虚しさに気づき抜けだそうと必死にもがいている。

幸せになりたいのなら、仕事で〝快〟を手に入れよ

〝楽〟を追求していると、どんどん先細りの人生になってしまいます。これで幸せな人生を送れるでしょうか？　私はそうは思いません。

一方、福本先生が指摘したもうひとつの喜び〝快〟を追求すれば、幸せな人生を送ることができると、私は思います。

なぜなら、〝快〟は、目標の設定次第では、際限なく追求できるからです。

「さらに上」を目指すことはほぼ無限にできますし、仮にある分野を極めたとしても、別のテーマでチャレンジをつづけられます。つまり、**〝快〟に慣れるということがない**のです。

もちろん、常に同じ目標を設定していたら、クリアするたびに退屈になっていく

でしょう。最初は「できた！　やった！」と強い満足感と至福を感じたとしても、自分が成長しそれが当たり前にこなせるようになったらもはや退屈な作業になってしまいます。

でも、**自分次第で無尽蔵に得られるのが〝快〟なんです。**

そして、生きている中で、時間的に大きな割合を占めるのが仕事です。ですから、幸せな生き方を追求するということは、〝快〟を追求できる仕事を探すということにつきるのではないでしょうか？

仕事で〝快〟を追求できれば、常に至福を追い求めることが可能です。ましてや退屈な生活に陥ることなどありません。

無尽蔵にお金を使えませんから、〝楽から得る至福〟には上限があります。しかも、すぐにそれには慣れてしまう。結局、〝楽〟を追求した結果は、退屈な人生しか残りません。

仕事に〝快〟を求め、〝快から得る至福〟を追求することが、幸せに、かつ有意義な人生を送る唯一の手段ではないか。

私はこの福本先生の言葉を読み、改めてそう感じました。

サラリーマンの夏休みは、〝1日外出券〟

地下の強制労働施設に送られたカイジは、毎月の給料を貯めようとがんばります。でもご存じの通り、誘惑に負けて毎日ビールや焼き鳥、ポテチなどを買って「豪遊」してしまいます。貯蓄には失敗するのです。

この話は、人間の弱さとそこにつけこむ帝愛のあくどい戦略を表しています。ただ、このストーリーを一読しただけでは、「あぁ、やっぱりカイジは誘惑に負けてしまった。ここでも帝愛グループの〝仕組み〟が勝っていた」と感じて終わってしまいます。

ここでひとつの違和感を覚えませんか？

カイジが目指しているものは、じつは方向性がおかしいのです。

カイジが貯蓄をして目指していたのは、〝1日外出券〟です。地下の強制労働施

カイジが望んでいた「一日外出券」。だが、一日外に出たところで、その後どうするかをまったく考えていないのが問題だ。

設で必死に働き、6か月禁欲することで勝ち取ろうとしていたのは、50万ペリカもする〝1日外出券〟です。〝1日だけ〟です。

つまり〝解放（釈放）〟ではないんです。

仮に、カイジが自分の欲求を抑えて貯蓄し、50万ペリカを貯め込んだとします。そして目的の〝1日外出券〟を購入しました。

……で？

カイジは、1日だけ地上に出て、自由な生活を送ります。ただし、お金がありません。

- カイジの月収は約9万ペリカ
- 6か月で貯められる最大金額は54万ペリカ
- 1日外出券は50万ペリカ

・1万ペリカは日本円換算で、たったの1000円

という前提条件をそのまま活《い》かすと、仮にカイジが地下でまったく浪費をせず6か月間耐えたとしても、地上に持っていけるお金は4万ペリカしかありません。つまり4000円です。

4000円では、地上に出ても、まともに過ごせません。まず、野宿はほぼ確定ですね。食事もたいしたものは食べられないでしょう。カイジは「地上に出ればギャンブルで借金を返せる」と意気込んでいますが、4000円では話になりません。また帝愛から借金をすれば可能かもしれませんが、事情を100%知っている帝愛が、カイジにお金を貸すとも思えません。

そして、1日経ったら、また地下帝国に戻るのです。これでは何も変わりません。また「ふりだし」に戻るのです。1日過ぎてしまえば、またゼロからのスタートです。これでカイジの生活の何が変わるのでしょうか？

カイジが1日外出券を獲得しても、結局なんにも変わりません。

そして、それは私たちビジネスパーソンにも同じことが言えます。

「年に一度くらいはパーっと贅沢《ぜいたく》な旅行をしたい」

長期休みが近くなると、旅行の計画を立てる人が増えます。1年間がんばってきた。この長期休みくらいは、贅沢をして海外旅行に行きたい。そう考えている人もいるでしょう。

その気持ちはわかります。ですが、それはカイジの〝外出券〟とまったく同じではないでしょうか？

1年間がんばって働き、貯蓄する。

そして年に一度の夏休みでパーっとお金を使ってしまい、帰ってきたらまた同じ職場に戻る。

まさにカイジと同じです。

同じ職場に戻るのが悪いのではありません。その仕事が好きなのであれば、何も問題ありません。また、海外旅行自体が問題なのではありません。海外旅行を唯一の楽しみとして、1年間働いたご褒美と捉えるのがいけないのです。1年間、それを目標にして働くことがいけないのです。

年に一度の〝外出券〟を気持ちの支えに、気が向かない仕事をつづける。〝外出〟時には、ここぞとばかりに散財する。そして1週間後に戻ってきて、また去年と同じ1年間を繰り返す。**これでは状況はまったく変わりません。**

では、どうすればいいのか？

私は外出券を求めて働くのではなく、**そもそも外出券の必要性も感じないような仕事に就くことが唯一の解だと考えています。**休みに〝楽〟を求めるのではなく、仕事自体に〝快〟を求める。それが、私たちが幸せに生きるためにとり得る唯一の道なのです。

楽しい仕事は、〝快〟の仕事である

数年前、新しい仕事に就いた知人から「楽しいと思って、この仕事を選んだのに、毎日大変でしんどい。もう辞めたい」と相談されました。

この時は、この知人の発言に違和感を覚えつつも、どのような言葉を返していいかわからず、ただ「そっか、大変なんだね」と答えました。

でも今にして思えば、彼は単に「楽しい」の意味を勘違いしていただけでした。

「好きな仕事を選びなさい」「仕事を楽しむべきだ」と言われることがあります。

それに対して、「それができれば苦労しない」「好きなことをやってお金がもらえる人なんて、ほんの一握りしかいない」という批判も聞こえてきます。

しかし、そういうことではないのです。

まず、「好きな仕事をしよう」「仕事を楽しむべき」というのは、「楽な仕事をしよう」「楽して金を稼げる仕事を選ぼう」ということではありません。

いくら好きだといっても、嫌なことがまったくない仕事などあり得ません。遊んでいるのと同じような感覚でお金を稼げる人は、世の中にほとんどいないでしょう。つらかったり、面倒だったり、嫌だなと思うことがあって当然です。

それが、仕事なのです。

「仕事を楽しもう」「楽しい仕事をしよう」というセリフに、（少なくとも客観的には）賛同する人は多いと思います。私も、そのうちのひとりです。

ですが、私自身、かつての会社員時代は「仕事を楽しむ」という言葉の意味がまったく腑《ふ》に落ちませんでした。私はこれまで、富士フイルム、サイバーエージェント、リクルートの3社を経験しました。仕事には一生懸命打ち込みましたし、連日職場の不満を言っている愚痴り屋に、「そんなに仕事が嫌だったら、転職すれば？」と言ったこともあります。

ですが、「仕事を楽しもう」というセリフには、どうも納得できなかったのです。

なぜなら、仕事は仕事であって、遊びではないからです。友人や彼女と遊んでいる時の感覚が「楽しい」であって、仕事をしている時に同じような感覚になることは決してありませんでした。

そして、本来「楽しいこと」ではない仕事を「楽しめ！」と言われても、それは単なる強がりに過ぎず、意味がないのでは？　と感じていました。

ところが、会社を辞めて、本当に自分が好きなビジネスをはじめた時、自分が間違っていたことに気づきました。

「楽しむ」というのは、福本先生が言う〝快〟を目指せということなのです。**「つらいことや困難があるけど、それを乗り越えて、それ以上の充実感を目指せ」**ということなのです。

そして、**「仕事を楽しもう」というのは、「仕事をやりきって、目標を達成して、充実感を味わおう」**ということです。

そう考えると、すべてしっくりきます。

仕事を「楽しんでいる人」は、充実感を得ようと、イキイキ仕事をしています。

「この商品を広めたら、世の中がよくなる」

「今期の売上目標を達成したら、オレたちすごいぞ！」

困難を、ゲームのボスキャラのように捉え、「なんとかしてこいつを倒してやろう」と考えながら立ち向かっています。

楽しく仕事をしたいと願う人は大勢います。でも、〝楽〟に仕事をしようとすると、その人は楽しく仕事ができなくなります。**仕事で追求すべきは〝楽〟ではなく〝快〟です。**それを追求するからこそ、仕事が楽しくなるのです。

この意識の差が、その仕事を「面白い仕事」にするか「つまらない仕事」にするかの差になるのです。

どんな仕事でも、大変なこと、苦しいこと、嫌なことがあります。他人からお金をもらって働く以上、ネガティブな要素がひとつもない仕事はあり得ません。

「楽しい仕事をしなさい」と言うと、嫌なことが一つでもある仕事は「楽しくない」ので、「そういう仕事は辞めていい」と考えてしまいがちです。

しかし、当然ながらそうではありません。


どんな仕事も、それ自体は楽しくもつまらなくもありません。ただのお金を稼ぐ手段に過ぎません。問題は、その仕事の中に〝快〟を見出せるかどうかです。それはみなさんの意識や気持ちによります。

興味を持って仕事に接し、困難や苦労を乗り越えて目標を達成した時に、〝快〟の感情を味わうことができます。それこそが「仕事が楽しい」ということなのです。

「楽しい仕事」の意味を勘違いしてしまうと、いつまでたっても、その「楽しい仕事」に就くことはできないでしょう。


社会に出ると、起きている時間の多くの割合を仕事が占めます。そのため、**幸せに働けない人は、幸せに生きることも難しくなるでしょう。**

人間として幸せに生きるために、幸せに働くことは必要不可欠です。そしてそのために必要なのが、この〝快〟と〝楽〟を区別すること、そして**〝快〟を目指すこ**

となのです。

しかし、好きでなければいけない

「世の中しんどいことしかない」と思っている人にも同じ言葉を伝えたいです。少し前「働いたら負け」という言葉がネットで流行りました。企業に勤めても裕福になれないし、やりたくもない仕事を一生やらされる、どんな企業に勤めるかどうかではなく、とにかく「働いたら負け」ということです。

「負け」って、一体誰と勝負しているの？　と聞きたくなります。ただ、それはひとまず別にしておくと、〝楽〟しか考えていないから、そういう考え方になってしまうのだと思います。

人生を充実させたいのであれば、〝快〟を追求しなければいけないと、私は強く思います。ただ、その〝快〟の根底には、やはり〝好き〟がなければいけません。というより、「〝好き〟でなければ〝快〟ではあり得ない」と思うのです。

矢沢永吉さんも、イチロー選手との対談（『イチロー×矢沢永吉　英雄の哲学』

ぴあ、２００６年）で、好きと仕事の関係についてコメントしています。

「まず好きじゃなきゃ、仕事だけじゃダメなんです」（矢沢）

「好きじゃなきゃ、ダメなんですよ、やっぱり。好きじゃなきゃ、なんなんですか。仕事？　そらぁ、たしかに仕事なんだけど、仕事だけじゃダメなんですよ」

仕事するということは、働くということです。そして働くとは、「はた（傍）を楽にすること」です。つまり、仕事をするということは、誰かの役に立つことなんですよね。誰かの役に立つ、誰かに喜んでもらう。誰かの不安をなくし、不便を解消する。それが仕事であるべきです。

自分が興味もない、やりたくもないことをやって、「傍を楽に」できるでしょうか？　誰かの役に立てるでしょうか？　現代社会は、あらゆるものが満たされています。今以上に役に立つには、細かく深いところまで思いを巡らせ、「もっと役に立つためには？　もっと喜んでもらうにはどうしたらいいか？」を考えなければいけません。好きでもないことをやって、それができるでしょうか？

好きでもないことを、日々研究して「こうしたほうがいいかも」「あれもやってみよう」と思いを巡らすことは、かなり難しいでしょう。それでは結局、表面的な仕事しかできません。**本気で挑戦し、本気で人の役に立とうとするなら、「仕事だから」の前に「好きだから」がなければいけないと思うのです。**そして、それだからこそ本気で〝快〟を目指して仕事ができるのではないでしょうか？

満足度が高い人、幸福度が高い人

前作『カイジ「命より重い！」お金の話』で、お金を持っていれば不幸を避けられるということを指摘しました。

お金があれば、病院に行けます。薬を買うことができます。お金があれば、空腹に苦しむこともありません。家族にひもじい思いをさせることも、それをみながら何もできない自分の不甲斐《ふがい》なさを感じることもありません。
お金があれば、不幸を避けることができるのです。

しかし、では逆に、お金があれば幸福になれるのかというと、そうではありません。お金で、ある程度の不幸を追っ払うことはできます。しかし、不幸がなくなっても、自動的に〝幸福〟が得られるわけではありません。不幸が減ってきた時、そこに待っているのは、またもや〝退屈〟でした。

カイジは、遠藤と出会う前のほうが、借金がないだけ〝裕福〟です。最低レベルのお金は持っていたように見えます。ではその時は幸福だったか？　と言えば、そうではありません。

カイジは、不幸ではなかったと思います。少なくとも、地下の労働施設にいる時と比べると、不幸レベルは低いはずです。しかし、何もない退屈な生活を送っていました。

遠藤が指摘したように、まさに「ゴミって感じの生活」でした。衣食住には困っていなかったように思えるので、満足度はそれなりにあったかもしれません。しかし、幸福度は最低レベルでした。

つまり、普通に満足できる生活を送っていても、それは幸福ではないのです。満足と幸福は別物で、人生の満足度を高めたところで、幸福度が高まるわけではない、ということなのです。

人生における満足度と幸福度の違いについて考えたことはありますか？
現代の日本では、物質的にはほぼ満足しています。しかし、幸福度が高いかというと、そうとは言い切れません。満足度と幸福度は別物で、生活や人生に対する満足度が高ければ、イコール幸福度も高いのかというと、そうではないのです。

何が違うのか？
それは、主体性や能動性と関わっています。
満足度は与えられるだけでも上がります。食べ物が出されて、空腹が満たされれば、満足度が上がります。また、誰かが決めたレールに乗って、何も考えず働いているだけでも、給料をもらって満足することができます。

しかしそれでは幸福度は上がりません。

心理学の調査で、幸福度が高い人が持っている特性が明らかになりました。それによると、以下の6つの要素が必要のようです。

- 勇気：自分で道を選ぶ勇気。自分から行動を起こす勇気
- 正義：「やましい（うしろめたい）」と思うことをやらない
- 創造性：常識に捉われず、自分で最適な案、行動を考える
- 節制：感情のコントロールができる。足るを知る、求めすぎない、期待しすぎない
- 関係性：多くの時間を「仲間」と一緒にいる
- 人間性：エンタテイナーである、他人を楽しませることができる

これらの要素を備えていると、人の幸福度は高くなるようです。

そして私はここに、ある前提を加えたいと思います。それは、〝軸〟です。**「自分の中に軸を持っている」**ということです。

自分で道を選び、自ら行動を起こすためには、まず何が正しいか、どう行動したらいいかを自分で決めていなければいけません。判断できる軸を持っていなければいけないのです。

そして、他人の意見や世の中の常識ではなく、自分の軸に沿って物事を判断するから、創造性が生まれます。自分の軸（大切にしているもの）があるから、それをよりどころにして節制ができます。

ただし、その自分の軸を絶対視して固執することがない、ということが同時に重要です。「自分が100％正しい」ではなく、仲間を受け入れ、関係性を大切にできる人が幸福度が高い人なのだと思います。

この基準を私なりに変換するとこうなります。

・前提として、自分の中に軸を持っている

・その軸に沿って、判断し、自分の行動を決めている
・その軸に固執せず、他人・周囲を受け入れ、関係を大事にする

こう眺めてみると、これらはまさにカイジに当てはまるのではないでしょうか？

カイジは、ある部分では幸福度が高い青年であるかもしれません。遠藤と出会う前は、自分で道を選ぶ勇気を持たず、高級車にイタズラをして回るというなんともくだらないイタズラ（やましい行為）を繰り返します。創造性のかけらもなければ、感情もコントロールできない。人と交わらず、人間性も低いレベルだったでしょう。


しかし、エスポワール号での限定ジャンケンで生き残りをかけて戦っている時、ブレイブ・メン・ロードを渡っている時、利根川とEカードで勝負をしている時は違います。

カイジは自分に軸を持ち、自分で判断する勇気を持ち、大いなる創造性と節制で生き延びてきました。

映画版では、ブレイブ・メン・ロードを渡っている時に、佐山とカイジは「俺たち生きているぞ！」と叫ぶシーンがあります。死と隣り合わせのあの境遇においても、「生きている！」という実感を持ち、ある意味では幸福度も感じています。

当然ですが、ブレイブ・メン・ロードを渡っている時が幸福なはずがありません。しかし、死んだように生きてきたカイジたちにとっては、あの時に一番「生きている」ことを実感したのです。

人を助けろ！ ただし、その負担が自分の肩に乗らないように

先日、痛ましい事件のニュースを目にしました。老夫婦が詐欺師に自宅を騙《だま》し取られ、それがきっかけとなり、奥さんが自殺してしまったのです。

詐欺師は、言葉巧みに老夫婦に近づき、仲良くなりました。そして「お金が必要

になった。あなたしか頼る人がいない。自宅を担保にお金を借りて、助けてほしい」と泣きつきました。かわいそうに思った老夫婦は言われた通りに自宅を担保に金融機関からお金を借り、詐欺師に渡しました。そして、お金を詐欺師にとられ、担保にした自宅は金融機関にとられてしまったのです。

「かわいそうに」

「なんで、そんな詐欺師にひっかかっちゃったんだろう」

この事件に関しては、ネットでもいろいろな意見が飛び交いました。なかには「騙されるほうが悪い」というコメントもありました。

前作『カイジ「命より重い！」お金の話』で指摘した通り、現代に生きる私たちには、自分を守る責任があります。独り立ちして、世の中で生きていけるよう、自分をトレーニングする責任があります。自分を危険から守る責任があります。詐欺に騙されないよう自分自身を守る責任があります。

でも、この老夫婦の事件のように「あなただけが頼り」と泣きつかれたら、どうやってそれを断りますか？　それを突っぱねる勇気と覚悟が、みなさんにはありますか？

困っている人がいたら助けたい。友人が苦境に陥っていたらなんとかしてあげたい。そう考える人は多いです。それ自体は、善です。競争や、周りを蹴落とす社会よりも、助け合う社会のほうがいいに決まっています。

ですが、気をつけなければいけないことがあります。

ここにひとつの寓話があります。

ある農場に、牡牛《おうし》とロバがいました。

ロバは、毎日農作業でこき使われている牡牛に同情し、仮病を使うようにアドバイスしました。そうすれば、仕事ができないと判断されて休めるだろう、と。その結果、ロバが想定した通り「牡牛は病気で働けない」と判断され、牡牛は休むことができました。

しかし、その代わりに、ロバが牡牛の作業を肩代わりさせられ、1日中

働かされました。くたくたになって戻ってきたロバは牡牛に言いました。

「こっちはただ友達を助けるつもりでやったのに、相手の仕事を丸々引き受ける羽目になっちゃったよ。牡牛君、これからは鋤《すき》は自分で引いておくれ。さっきご主人が奴隷に言ってたよ。今度牡牛が病気になったら肉屋へ売ってしまえってね。そうなっても知らないよ、君は怠け者なんだから」

この件で、二頭の友情は終わってしまい、それから二頭とも口を利かなくなったとさ。

このストーリーは、私たちのジレンマを的確に表現しているのではないでしょうか？「助けたい」「サポートしたい」。でも、その負担をすべて引き受けたら自分が潰れてしまう。だから結果的に助けるのを躊躇《ちゅうちょ》してしまう。

もしくは、誰かを助けたために、すべて自分で抱えてしまったために、潰れてしまい、苦しんでいる人も大勢います。カイジは、バイト先の後輩、古畑を助けるために、保証人になり、巨額の借金を背負いました。

エスポワール号の限定ジャンケンでは、古畑と安藤を助けるために、すべてを背

カイジは自分の身の安全と引き換えに、仲間を救う道を選んだが、最悪の結末に……。人を助けたいなら、同時に自分の安全を絶対的に確保すべきだ、という圧倒的な教訓である。

負って「別室」に落ちていきました。

繰り返しますが、友人を助けたいという気持ちは〝圧倒的に善〟です。しかし、カイジは非常に重要なポイントを逃していました。それは、「相手のリスクや負担が自分の肩に乗らないようにする」ということです。

相手の不安、痛みを取り除くために奔走することは尊い行いだと思います。ですが、それをそっくり自分が引き受けるのであれば、なんの解決にもなっていません。全体を見てリスクや不安は減っておらず、単に移動しただけです。これでは、結局誰かが「負け」てしまいます。

自分が被ってでも周りの人を助けたいという自己犠牲の考え方もありますが、それでは長続きしません。アンパンマンは自分の顔を困っている人に差し出して問題を解決します。しかし、当の本人（アンパンマン）は、弱ります。あの仕組みが可能なのは、アンパンマンの顔が入れ替え可能で、何度でも復活できるからです。顔の入れ替えが不可能だとしたら、もしくは、自分が肩代わりした負担を再び埋め合わせるのに、長い時間が必要だとしたら、随分話が変わるのではないでしょうか？

人間、頼られることは嬉しいことです。さらに「もうあなたしか頼る人がいないんだよ」と泣きつかれたら、自分がなんとかしてあげようという気になるのも自然です。しかし、この時に相手を助けたいと思うのであれば、**そのリスク・不安・損失が、自分の肩に乗らない方法を考えるべきです。**

自分にとって〝重い〟相談をされた時に言うべきフレーズはこれです。

「ぼくがその負担を肩代わりすることはできない。でも君が解決策を見つけられるように、一緒に考えてあげる」

つまり、相談された時にすべきなのは、自分で負担しないで済むような方法を考えることです。相談してきた相手と一緒に、その方法を考えることです。もしくは、誰か解決できそうな別の人を連れてくることです。

自分で助けていいのは、なんの苦労もなく助けられる時だけです。溺れている人を泳いで助けに行っていいのは、泳ぎに相当自信がある人だけです。そうでなければ、一緒に溺れてしまいます。泳いで助けに行ってはいけません。自分で助けに行くのではなく、救助隊を呼ぶべきです。

自分が前面に立って助けてはいけない。

それが、自分の肩に乗る重荷を避け、自分に降りかかる不幸から身を守るための方法なのです。

おわりに

世の中に〝絶対〟などというものはありません。将来も見通せないのが当たり前です。ただし、頭ではわかっていても、感情的にはなかなかそう割り切れず、将来がみえるまで動けない人が多くいます。

さらに、〝すばらしい将来〟が確約されていないと嫌だと考える人が多いです。

「ＴＰＰに参加したら、日本経済はバラ色になると約束しろ」
「消費税を上げても、絶対に景気が悪くならないんだよな？」
「この会社に入ったら、将来を約束してくれるだろうか」

確定した将来などありませんし、ましてや１００％バラ色の道が用意されているわけでもありません。どれを選んでも、イバラの道なんです。しかしだからといって、何も行動をしなければ、状況は解決しません。よりひどくなるばかりでしょう。

村上春樹さんの『色彩を持たない多崎つくると、彼の巡礼の年』（文藝春秋）にこのようなフレーズがあります。

「『さて、君にとって良いニュースと悪いニュースがひとつずつある。まず悪いニュース。今から君の手の指の爪を、あるいは足の指の爪を、ペンチで剝がすことになった。気の毒だが、それはもう決まっていることだ。変更はきかない』（中略）『良いニュースは、剝がされるのが手の爪か足の爪か、それを選ぶ自由が君に与えられているということだ。さあ、どちらにする？　十秒のうちに決めてもらいたい。もし自分でどちらか決められなければ、手と足、両方の爪を剝ぐことにする』。そしておれはペンチを手にしたまま、十秒カウントする。『足にします』とだいたい八秒目でそいつは言う」

手だろうが足だろうが、爪をはがされるのは嫌です。大きな痛みを伴います。しかし、どちらかを選ばなければいけないのです。そして、どちらかを選ばないといけないとなった瞬間、人は腹をくくって決断するのです。

これは今の日本が直面している課題、みなさんの問題をよく表しています。
日本政府が抱えている借金は1000兆円を超えました。このままでは財政が破たんし、医療や公共サービスなども破たんしてしまいます。このまま進めば、やがて日本全体に大きな痛みが待っているでしょう。
これを解消するには、無駄の削減が必要です。無駄の削減と言えば聞こえはいいですが、基本的にそれで〝困る〟のは国民です。

日本が借金体質になっているのは、景気対策のための公共事業や補助金(農業などの特定の産業や太陽光発電などの特定の技術等)、医療・福祉に多額のお金がかかるからです。関係ない人から見れば〝無駄遣い〟でも当事者はそのお金で仕事をし、そのお金で生計を立てています。一方から見れば無駄なお金かもしれませんが、他方でそれを受け取っている人にしてみれば、必要なお金なんです。

国の財政を健全な状態に戻すには、増税も必要です。でも増税をしようとすると、「それで景気が悪くなったらどうするんだ!?」と批判が沸き上がります。

つまり今の日本は、このままでも大きな痛みが待っている、しかし、その状況を避けることもまた大きな痛みを伴う、そんな状況にあるのです。

会社が生き残りをかけて戦略転換すると、新戦略のダメなところばかりを取り上げ、「失敗したらどうする⁉」と反対意見が出てきます。

個人でも〝非の打ちようがないベストな選択肢〟をいつまでも待って、行動できない人が大勢います。

何事もすべて問題なく解決できる道など、もはやありません。そんな完璧な選択肢はないと理解すべきです。そして、**この先がわからなくても、たとえ痛みを伴うことをわかっていたとしても、今すぐ決断して前に進まなければいけないのです。**

「両方ともデメリットがあるけど、こっちのほうがマシ」という道を選ぶしかないのです。前に進むためには、そういう判断をするしかありません。

カイジが選んできた道も大きなリスクがあり、イバラの道でした。でも、それでも前に進んでいきます。

〝沼〟攻略を目の前にして資金が尽きたカイジは、号泣しながら遠藤を説得します。

「望みに進むのが気持ちのいい人生ってもんだろっ……！
仮に……地の底に沈もうともだっ……！」

リスクがあっても、前に進む。リスクを承知で前に進む。描いた夢を掴《つか》み取るために、覚悟を決めて勝負に挑まなければ、何も変わりません。リスクを避けて待っているだけでは、退屈な人生が待っているだけです。それでいいのでしょうか？

現代には、誰かに騙《だま》されたわけでもなく、傷つけられたわけでもなく、自分で〝勝手に〟不幸になっている人たちが大勢います。

夢をみることもせず、行動することも、チャレンジすることもなく、ただ夢の中で生活しているように「なんとなく」過ごしてしまっている人が多すぎると感じています。

何もしない、何もできない日々から抜け出し、今日を一生懸命生きろ。
自分に言い訳をするのはもうやめろ。
そして、カイジのように強く生きろ。

これが漫画『カイジ』から得られる至福の教えではないでしょうか？
この教えから、何かを感じ取ってもらえたら、著者として至福の喜びです。

２０１３年10月

木暮太一

文庫化に当たって

ここ数年、「働き方」により注目が集まっています。社会的に「働き方改革」が叫ばれていますし、今の働き方でいいのか考えている方も多いと思います。

「もっといい職場はないかな?」「もっといい働き方はないかな?」と悩んでいる人はたくさんいますね。でも、「もっといい職場」「もっといい働き方」は、存在しないというのが私の考えです。

これは、「万人にとっていい職場はなく、万人にとっていい働き方もない」ということだけではありません。職場の環境に「いい・悪い」があるのではなく、自分がその職場、その環境に合っているかどうか、なのです。

もちろん、パワハラやセクハラ、超長時間労働、給料未払いなど、法律に抵触することをしている企業が「いい職場」になるはずはありません。それは論外です。

ただ、このようなブラック企業を外して考えれば、最終的に「いい働き方」だと思えるかは「あなたが売っている(携わっている)商品次第」だと、私は考えています。

自分が本気で取り組める仕事であれば、それはあなたにとって「いい仕事」「いい職場」「いい働き方」になる可能性が高いでしょう。たとえば学生時代、文化祭や学祭の準備で徹夜した時、身体は疲れても気持ちは疲れなかったと思います。「ブラック」だとは、到底思わなかったでしょう。なぜなら、本気で打ち込めていたからです。

働き方改革と称して、制度や業務時間だけを変えても、本質的には変わりません。嫌な仕事は嫌な仕事ですし、法律が変わったからといってつまらない仕事が面白い仕事になるわけはありません。そして、嫌な仕事を続けているうちは、「いつまでこんな働き方をするんだろう?」というモヤモヤは消えないものです。

もちろん無意味な長時間労働は悪です。でも、仕事の時間が短くなったから問題がすべて解決するかと言えば、そういうことではないはずです。

私はサラリーマンとして企業勤めをしていたころ、仕事が大好きな時と、大嫌いな時がありました。それは業務時間の長さによるわけではありませんでした。むしろ、仕事が大好きだった時のほうが労働時間は長かったと思います。

何が違ったかと言えば、「自分が信じられる商品を扱っていたか否か」です。

自分が「この商品はすごくいい！　絶対にみんなに知ってもらいたい！」と思っていた時は、労働時間の長さや待遇など、さほど気になりませんでした。反対に、商品を信じていない時、「こんな商品、誰が買うの？」と思いながら仕事をしていた時は、上司や職場環境に不満を抱きやすかった自覚があります。

周りの環境を変えようとするのも大事ですが、その前に、自分がその商品を本当に扱いたいのか、自分の会社選びは正しいのか、を考えることのほうがよっぽど大切です。

ここで考えなければいけないのは、「自分は何が好きなのか？」です。

自分が本気で薦めたい商品でなければ、好きな商品を扱える会社に転職をするのもいいでしょう。独立するのもいいでしょう。でもそもそも好きなこと、好きな商品がなければそれを選びようがありません。

そして、好きなことがなくて「今の仕事は嫌だ」と言っているだけでは、意味がありません。嫌なら変えればいい話ですが、どう変えたらいいかわからない。これでは埒《らち》が明きません。

もし今、「好きなものが見つからない」と感じたら、まず自分がこれまで消費者として何に「時間」と「お金」をたくさん使ってきたかに目を向けてください。仕事の経験を振り返るのではなく、消費者としての経験を振り返るのです。そこに大きなヒントがあります。

なんでもかまいません。私の友人は、リゾート地の雰囲気が大好きで、休みのたびにリゾートに出かけていたそうです。いつからか、それを日本に持ってきたいと考えるようになり、日本の家屋の屋上にリゾート家具を売る事業を立ち上げました。

彼はよく「自分は日本で一番屋上を愛している。消費者としても一番こだわっているし、一番みてきた。だから、一番いいものが提供できる」と自信を持って言います。

まさにこれが「勝つ！　働き方」だと思うのです。

働き方を変えようと考えると、制度や環境改革に目が行きがちですが、本質はそこにはありません。

変えなければいけないのは、自分です。カイジのように、自分で考え、常に自分を変化させて立ち向かわなければならない——。

『カイジ』は漫画ですが、私たちの生き方の指針を示してくれています。この本から、そのエッセンスを読み取っていただけたら著者として幸いです。

2017年4月

木暮太一

単行本　二〇一三年十一月　サンマーク出版刊
肩書き・データ等は刊行当時のものです。

サンマーク
文庫

カイジ「勝つべくして勝つ！」働き方の話

2017年５月10日　初版印刷
2017年５月20日　初版発行

著者　木暮太一

発行人　植木宣隆
発行所　株式会社サンマーク出版
東京都新宿区高田馬場2-16-11
電話 03-5272-3166

フォーマットデザイン　重原 隆
本文デザイン　櫻井 浩 + 三瓶可南子（⑥Design）
本文組版　J-ART
印刷・製本　株式会社暁印刷

ISBN978-4-7631-6087-4 C0130

ホームページ　http://www.sunmark.co.jp

好評既刊

サンマーク文庫

夢をかなえる勉強法

伊藤 真

司法試験界の「カリスマ塾長」が編み出した、生涯役立つ、本物の学習法。勉強の効率がぐんぐん上がるコツが満載。 571円

夢をかなえる時間術

伊藤 真

司法試験界の「カリスマ塾長」が実践してきた、「理想の未来」を引き寄せる方法。ベストセラー待望の第2弾！ 571円

成し遂げる人の「一点集中力」

伊藤 真

司法試験界の「カリスマ塾長」が伝授する、「ここ一番」のときに力を発揮する方法。不可能を可能にする力。 560円

記憶する技術

伊藤 真

記憶力は、一生、鍛えることができる。司法試験界の「カリスマ塾長」による、記憶を自由自在にコントロールする方法。 600円

集中力

T・Q・デュモン
ハーパー保子＝訳

約一世紀にわたり全米で密かに読み継がれる不朽の名著が遂に文庫化。人生を決める最強のパワーを手に入れる。 600円

※価格はいずれも本体価格です。

サンマーク文庫

好評既刊

※価格はいずれも本体価格です。

お金のIQ　お金のEQ

本田 健

数々の幸せな小金持ちの人生を見てきた著者が、経済的な豊かさと幸せのバランスを取る方法を指南する。

571円

幸せな小金持ちへの8つのステップ

本田 健

「幸せな小金持ち」シリーズが待望の文庫化！　お金と人生の知恵を伝えた著者が初めて世に出した話題作。

543円

新編　男の作法 作品対照版

池波正太郎
柳下要司郎＝編

男をみがく。生き方を考える。文豪が説く「粋」の真髄とは。作品の名場面とともによみがえる新編集版。

600円

ゆるすということ

G・G・ジャンポルスキー
大内 博＝訳

他人をゆるすことは、自分をゆるすこと――。世界的に有名な精神医学者による、安らぎの書。

505円

病気にならない生き方

新谷弘実

全米ナンバーワンの胃腸内視鏡外科医が教える、太く長く生きる方法。シリーズ190万部突破のベストセラー。

695円

サンマーク文庫

好評既刊

神との対話②

N・D・ウォルシュ 吉田利子＝訳

シリーズ150万部突破のロングセラー、第二の対話。さらに大きな世界的なことがらや課題を取り上げる。

752円

生命の暗号①②

村上和雄

バイオテクノロジーの世界的権威が語る「遺伝子オン」の生き方。シリーズ55万部突破のロングセラー。

各571円

人生の暗号

村上和雄

「人生は遺伝子で決まるのか?」。遺伝子研究の第一人者が解明する「あなたを変えるシグナル」。

571円

アホは神の望み

村上和雄

バイオテクノロジーの世界的権威がたどり着いた、ユニークな視点からの「神の望むアホな生き方」とは?

600円

サムシング・グレート

村上和雄

人間を含めた万物は、大いなる自然の一部であり、そのエネルギーとプログラミングによって生きている。

581円

※価格はいずれも本体価格です。

好評既刊

サンマーク文庫

小さいことにくよくよするな！

R・カールソン
小沢瑞穂＝訳

すべては「心のもちよう」で決まる！　シリーズ国内350万部、全世界で2600万部を突破した大ベストセラー。

600円

人生逆戻りツアー

泉ウタマロ

死後の世界は？　魂のシステムとは？「見えない世界」が見えてくる、愛と笑いのエンターテインメント小説。

680円

運のいい人は知っている「宇宙銀行」の使い方

植西　聰

人を喜ばせることで「徳」を積み立て、満期になると人生が好転しはじめる「宇宙銀行」の仕組みを解説。

600円

日本人の知らない美しい日本の見つけ方

デイモン・ベイ

ニュージーランド出身の写真家による、私たちが気づかなかった「日本の美」がこの一冊に。

920円

結婚までに、やっておくべきお金のこと

中村芳子

ファイナンシャル・プランナーが伝授する、あかるい結婚生活を送るための「お金と人生のアドバイス」。

680円

※価格はいずれも本体価格です。